LES AVENTURES DE

MISTER GEOPOLITIX

Découvrir et comprendre le Monde !

FIRST ÉDITIONS

Sommaire

1 **Aux côtés de l'armée, en Guyane française** **8**

Comment l'armée vit au plus proche des trafics? 12
Comment lutter contre un trafic illégal (sur terre et en mer)? 24
Comment protéger un lancement de fusée? 37

2 **Le sud de l'Espagne, une zone stratégique entre l'Europe et l'Afrique** **46**

Pourquoi l'Andalousie est-elle si semblable à la Californie? 50
Le détroit de Gibraltar est-il un pont ou bien un mur? 59

3 **L'Égypte, un pharaon aux pieds d'argile? Entre grandeur et fragilités!** **66**

Pourquoi le Canal de Suez est-il autant militarisé? 70
Voyage le long du Nil 77

4 **Sur une île où il y a plus d'ours polaires que d'habitants? Bienvenue au Svalbard!** **84**

Pourquoi le monde s'intéresse de plus en plus à l'Arctique? 88
Explorer une mine abandonnée en plein blizzard polaire 100

5 **À bord du porte-avions Charles de Gaulle en Méditerranée** **108**

Fonctionnement et vie à bord du porte-avions 112
Du catapultage à l'appontage: de la mer au ciel 119
Le groupe aéronaval (GAN): l'escorte du porte-avions 132

6 **Le Mexique, un pays de transit** **142**

Accompagner des migrants le long du train de la mort 146
Rendez-vous lugubre avec un tueur à gage en plein cartel 157
Vivre aux côtés de narcotrafiquants mexicains 168

7 **Annexes** **182**

Mister Geopolitix

Une devise :
découvrir
et comprendre
le monde !

Chapitre 4
Chapitre 2
Chapitre 5
Chapitre 3

ISBN : 978-2-412-05487-1
Dépôt légal : mai 2021
Imprimé en Pologne

Correction : Emmanuelle Fernandez et Muriel Villebrun
Maquette intérieure et couverture : Laure Le Fol – deuxpointdeux.com
Illustrations des cartes intérieures : Nicolas Galgowski
Image de couverture : Gildas Leprince
Crédits photo : Gildas Leprince et Charles Villa

Éditions First, un département d'Édi8
92 avenue de France, 75013 Paris – France
Tél : 01-44-16-09-00 – Fax : 01-44-16-09-01
E-mail : firstinfo@efirst.com
www.editionsfirst.fr
001_

Plusieurs de ces reportages ayant été réalisés grâce aux autorisations de l'armée française, je tiens sincèrement à remercier la Marine Nationale et l'Armée de Terre de m'avoir accueilli à ces diverses occasions.

Mon matériel de reportage :
1 caméra reflex, 3 micros,
2 gopro, 1 drone, 2 trépieds,
1 ordinateur portable,
2 disques de sauvegarde,
1 tente, des chaussettes
et de la lessive !

Aux côtés de l'armée, en Guyane française

Les roues de l'avion crissent tandis qu'elles foulent lourdement la piste de Cayenne. Sous le poids de l'engin qui vient de parcourir les 7 000 km qui nous séparent de la France métropolitaine, les secousses du freinage me tirent de mes pensées. Il fait nuit noire dehors.

J'emboîte le pas derrière le photoreporter Fred Marie qui se dirige vers la sortie de l'avion. « Tu savais que la ligne Cayenne-Paris est très surveillée à cause du passage de drogue? J'espère que tu n'as rien pris! » me lance-t-il avec son accent toulousain doublé de son naturel taquin. Je souris et me rappelle en effet qu'une des routes de la cocaïne colombienne passe par le Suriname et la Guyane.

On estime qu'il y a au minimum entre 8 et 10 mules par avion, soit une vingtaine par jour sur les deux vols quotidiens à destination de Paris-Orly. Des hommes, des femmes (parfois enceintes), des retraités et même des lycéens qui ingurgitent des ovules de cocaïne, dans des quantités pouvant aller jusqu'à

1 kg pour une rémunération maximale de 3000 € par voyage. Le nombre de personnes impliquées dans ce transport clandestin a explosé depuis 2015[1]. J'ignorais encore à ce moment-là que je me retrouverai, un an et demi plus tard, à étudier le sujet des drogues sur le terrain, plus au nord du continent, au cours d'un autre reportage…

On descend les marches de l'escalier d'embarquement. La chaleur moite, typique des zones tropicales, vient nous tiédir le visage, alors que le soleil a pourtant quitté l'horizon depuis plusieurs heures déjà.
Tandis que l'on rejoint le terminal à pied pour récupérer nos bagages, une gigantesque masse végétale qui borde au loin les clôtures délimitant la piste attire mon attention. Des sons réguliers et bruyants d'animaux s'en échappent. Pas de doute, nous sommes bien en Amérique du Sud et l'Amazonie n'est pas loin !

Mon sac à dos est éjecté du sas et rejoint les autres bagages sur le tapis roulant. Il s'en démarque par la couleur vive de la bâche de protection qui l'entoure. Je l'attrape et nous rejoignons la capitaine Hélène, responsable communication du commandant des forces armées en Guyane, qui nous attendait à l'extérieur.
On monte à bord du véhicule, et alors qu'on se faufile dans les rues de Cayenne, j'essaie d'imaginer à quoi vont ressembler ces quatre prochaines semaines de tournage. J'étais bien loin de prendre conscience de la richesse des expériences qu'on s'apprêtait à vivre !

Au détour d'un bâtiment, j'entends la voix de la capitaine : « Voilà votre hôtel .» On prend une bière tous les trois sur la terrasse, dans la douceur de la nuit. On rediscute avec elle de nos besoins en termes d'images et d'interviews pour nos reportages. Elle nous briefe de son côté sur ce qui nous attend ces prochains jours.
Les tournages vont être intenses et démarrent dès le lendemain matin : nous sommes attendus pour prendre l'avion avec des troupes qui rejoignent le sud-ouest du territoire. L'armée nous fournit du matériel forêt : une touque (un caisson étanche en plastique), un poncho militaire, un hamac tactique et un hamac moustiquaire, un sac étanche pour notre matos. « Vous allez en avoir besoin », nous lance-t-elle d'un air rieur.

Je vérifie une dernière fois mon matériel vidéo, on refait nos sacs avec ce que la capitaine nous a donné et on s'endort. Première nuit d'une trentaine en Guyane. L'excitation est à son comble.

[1] Note de la police nationale relevée par l'AFP, février 2017.

OCÉAN ATLANTIQUE
SURINAME
Awala-Yalimapo
Mana
Albina
St-Laurent-du-Maroni
Apatou
Kourou
Montsinéry
CAYENNE
Rémire-Mont joly
Matoury
Roura
St-Elie
Grand-Santi
Ouanary
Maripasoula
Saul
SURINAME
Camopi
BRÉSIL

Infos territoire

La Guyane française est un territoire grand comme le Portugal (ou bien équivalent à deux fois la superficie de la Suisse). Situé en Amérique du Sud entre le Brésil, le Suriname et l'océan Atlantique, il s'agit du seul territoire de la France d'outre-mer qui ne soit pas une île. Recouverte à 95 % de forêt équatoriale, elle accueille une biodiversité incroyablement variée ! Difficile de rentrer dans le détail face à autant de richesses, mais on peut lister les différents écosystèmes qui composent le territoire : forêt primaire, mangrove, savane... Ou bien les 5 500 espèces végétales présentes ainsi que les 177 espèces de mammifères avec le singe hurleur roux, le fourmilier géant, le paca, le jaguar ou encore le pécari à collier. Et c'était sans oublier les 648 espèces d'oiseaux, 167 de reptiles ou encore 500 de poissons !

Cette richesse s'observe aussi au niveau de la culture ou encore par rapport à la population qui est à la fois restreinte et complexe. Les populations amérindiennes, indigènes au territoire, représentent 5 % de la population. 60 % des Guyanais ont des origines africaines, tandis que 14 % des habitants sont européens, surnommés les « Métros » (métropolitains). Enfin, on retrouve des populations venues d'Asie (Chinois Hakka, Hmong du Laos), du Brésil, du Suriname, du Liban...

Le chômage y est élevé avec un peu plus de 20 % de la population active qui est sans emploi[1]. Et cela, malgré le dynamisme de certains pans de l'économie : activité spatiale, bâtiment, extraction minière d'or... Le commerce et le tourisme connaissent quant à eux un léger essor.
Pour les autorités locales, les principales occupations tournent autour du développement économique du territoire afin de créer plus d'emplois. Par sa géographie, la Guyane connaît aussi des difficultés liées aux migrations des pays voisins, à l'orpaillage illégal (extraction d'or) et à la pêche illégale.

Enfin, c'est à Kourou qu'a été construit le Centre spatial guyanais (CSG) d'où sont réalisés les lancements de fusées de la France et de l'Union européenne. Afin de dissuader d'éventuels pays d'interférer avec ces lancements, ils sont tous minutieusement sécurisés par des militaires. L'activité du CSG représente 15 % du PIB du territoire. En 2018, l'année où je me suis rendu en Guyane pour ce reportage, 21 satellites ont été envoyés dans l'espace.

[1] INSEE, 2020.

Comment l'armée vit au plus proche des trafics ?

7 heures. Nous arrivons en voiture à la base aérienne 367 de Cayenne-Rochambeau, encore baignée dans la brume tropicale du matin. Derrière les hangars, j'aperçois le Casa CN-235, un monstre qui sert à transporter des troupes et du matériel.
Nous nous présentons aux personnes sur place qui nous demandent notre poids et notre équipement, pour qu'ils puissent fixer ce dernier sur une grosse palette avec le reste du matériel embarqué.

« Vous pouvez faire des images sur le tarmac si vous voulez, l'avion ne part pas tout de suite », nous précise le lieutenant Bach, qui va nous accompagner ces prochains jours. Nous nous approchons du colosse. La tranche arrière de l'avion est ouverte, et déjà, des hommes sont en train de monter avec leur barda. Ils viennent prendre la relève d'autres militaires qui ont passé quatre mois sur le camp avancé de Maripasoula, situé à 238 km d'ici, au sud-ouest.
Fred déclenche l'obturateur de son appareil et immortalise une personne en train de ravitailler l'avion. Un autre aéronef se déplace sur le taxiway pour rejoindre la piste. L'œil derrière le réticule de ma caméra, je filme dans le vacarme provoqué par ses puissants moteurs à hélices.

Puis vient le tour de notre avion. Les moteurs grondent, il est temps de monter à bord. Nous rentrons dans l'habitacle par la porte arrière et nous remontons à l'intérieur de la carlingue jusqu'à la cabine de pilotage en enjambant le matériel fixé au sol. On nous propose de prendre une place dans le cockpit derrière le pilote et le copilote, nous sautons sur l'occasion. J'y serai à l'aller, Fred y sera au retour.
Casque vissé sur les oreilles, j'entends les pilotes finir leurs derniers préparatifs avant d'avancer sur la piste. Ils contrôlent minutieusement point par point leur *to do list* jusqu'à recevoir la validation de la tour de contrôle. Nous décollons !

Après une montée de cinq minutes et quelques virages, l'avion est positionné face à notre destination. Nous volons à plus de 3 000 mètres d'altitude, le nez de l'avion passant régulièrement au travers de légers voiles nuageux. Après une vingtaine de minutes à discuter, au-dessus des nuages, de nos métiers respectifs, le pilote me surprend en train de filmer la forêt en contrebas par-dessus son épaule.
Il me lance un sourire malicieux et commence à faire plonger l'avion. La ligne d'horizon monte progressivement derrière le tableau de bord. Les instruments s'agitent, mon sourire grandit. Nous traversons une légère brume jusqu'à faire face à ce gigantesque tapis vert. Il redresse l'avion. Sous nos pieds s'étire un matelas de végétation à perte de vue dans toutes les directions. Pas un village, pas une route, pas une infrastructure humaine.
Même si l'image de la forêt vierge dépourvue de toute vie humaine est très souvent fausse et caricaturale, à ce moment-là, j'avoue m'être laissé bercer par cette vision idyllique du mythe de la forêt impénétrable. Nous passerons les vingt minutes restantes du vol à 30 mètres de la cime des arbres, à pleine vitesse, à suivre le relief légèrement vallonné.

Les roues du Casa touchent le sol. Les soldats s'empressent de sortir le matériel tandis que d'autres chargent le nouveau avec l'aide des militaires qui viennent se faire relever. Après avoir remercié les pilotes, je quitte le cockpit pour embarquer dans une P4, un 4x4 de l'armée, qui se gare quinze minutes plus tard à l'entrée du camp militaire. Le capitaine Christophe vient à notre rencontre : « Bienvenue à Maripasoula ! »

Après quelques échanges, il nous briefe : « Le camp dans lequel nous nous trouvons a pour vocation principale d'être une base d'où peuvent partir des patrouilles en jungle pour lutter contre l'extraction illégale d'or. Mais pour être au plus proche de ces trafics, l'armée française dispose aussi de camps avancés plus loin le long de ce fleuve. Cet après-midi, nous devons ravitailler l'un des deux, vous pourrez vous joindre à l'équipe. Demain, nous ravitaillerons le second. »

Un homme est désigné pour nous faire la visite des lieux. Le camp Lunier est situé sur la rive du fleuve Maroni, frontière naturelle avec le Suriname. Il comprend un dépôt de carburant et de matériel, un dégrad (port fluvial avec un ponton) où sont accrochées entre 8 et 10 pirogues, des bâtiments en dur qui contiennent des bureaux et des télécommunications. On y trouve aussi de grandes tentes, une cuisine, un réfectoire à l'étage d'un bâtiment ouvert sur l'extérieur et un coin de vie en dessous (baby-foot, télévision, livres et bar pour les soirées). J'ai aussi repéré une piste d'atterrissage pour hélicoptère, des sanitaires et une salle de sport en extérieur.

Nous suivons la personne en montant à l'étage d'un bâtiment. Un couloir extérieur débouche sur plusieurs grands dortoirs. Trois chambres avec des lits picots superposés : c'est là que nous dormirons avec Fred ces prochains jours. Nous nous délestons d'une partie de nos affaires et nous rejoignons les soldats pour le déjeuner. Une heure plus tard, il est temps de nous mettre en mouvement.
Une équipe charge de grosses bouteilles d'eau à l'avant de la pirogue pendant que d'autres font rouler des bidons de carburant. Nous filons un coup de main. Le piroguier nous prête un gilet de sauvetage, le moteur vrombit, nous nous éloignons du rivage.

« L'avantage d'avoir des points d'appuis sur le fleuve, c'est que, comme les trafics se font au milieu de la forêt et qu'il n'y a pas de route, tout transite par voie fluviale. Du coup, en plus d'être au plus près de l'orpaillage illégal, nous avons un œil sur les flux logistiques et ça nous donne plus de contrôle. »
Lancé à pleine vitesse, il faut se parler fort dans l'oreille pour couvrir le bruit du vent et du moteur. Au bout de vingt minutes, la pirogue change de régime et

le pilote tourne à 90° sur la gauche en s'engouffrant dans un cours d'eau qui vient d'apparaître. La largeur diminue, le pilotage devient plus technique. « On quitte le fleuve Maroni, on va remonter une partie de la rivière Inini qui est un affluent du Maroni. Le poste avancé se trouve sur une grande barge au milieu de cette rivière, tu vas voir », me lance le lieutenant Bach.

Camp opérationnel avancé de Maripasoula.

Présence française dans la région de Maripasoula.

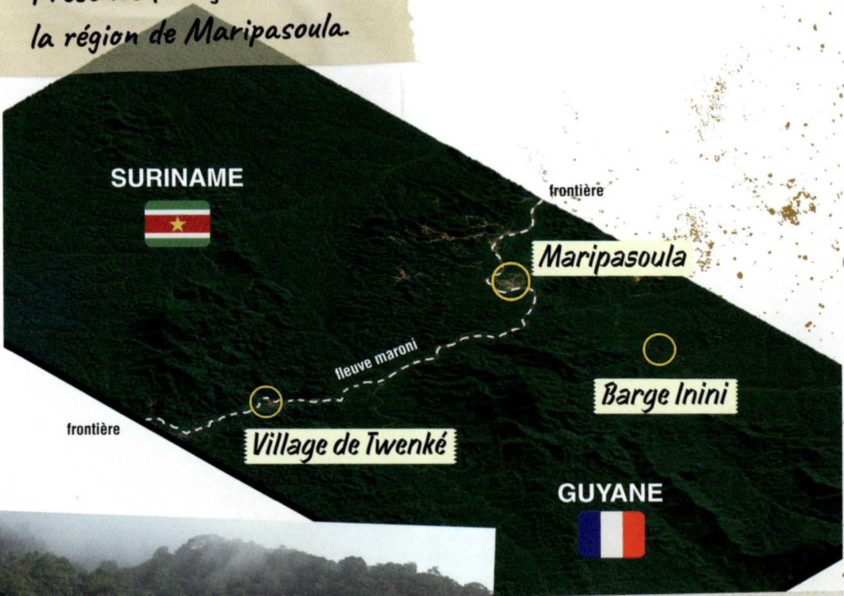

Deux postes avancés où j'ai eu la chance de me rendre. Avoir une présence sur les fleuves, c'est avoir un œil sur les flux liés à l'orpaillage illégal.

Baraquements de l'armée française au sein du village de Twenké

Les arbres défilent sur les côtés. Fred prend ses clichés tandis que je filme tout ce qui s'offre à nous : le soldat qui écope la pirogue suite au passage de remous, le gigantisme des arbres que l'on observe en contre-plongée depuis la planche qui nous sert de siège, ou encore les sauts, ces rapides provoqués par des rochers qui obstruent une partie du cours d'eau et qui dépassent parfois à peine de la surface.
Pas étonnant que les pilotes soient des locaux engagés par l'armée : il faut connaître le lit des rivières et les crues pour s'y aventurer.
Le piroguier n'est jamais seul, il est guidé par un collègue assis à l'avant et muni d'un long bâton. À chaque saut et dans les passages plus réduits, on le voit sonder la profondeur tout en donnant des indications avec la main au piroguier sans se retourner ni prononcer un mot.

Mes pensées disparaissent subitement car, au détour d'un virage, une gigantesque barge surgit au loin. Nous y sommes ! Un drapeau français flotte au milieu de la tôle et de la rouille. Des têtes apparaissent à bord : ils ont entendu notre moteur.
La barge industrielle de plus de 12 mètres de long crée un véritable barrage flottant au milieu du cours d'eau. Des filets ont été tendus de chaque côté jusqu'au rivage, ce qui fait qu'aucune pirogue ne peut passer de force sans être obligée de s'arrêter.

Des militaires s'interpellent et se saluent de loin, enjoués. J'en devine qu'ils étaient affectés sur la même zone à Cayenne avant d'être envoyés ici. Tout le monde discute en déchargeant le matériel. Les équipes semblent contentes de voir arriver du monde et du ravitaillement. Alors qu'ils sont à l'œuvre, nous nous présentons, nous découvrons les lieux et nous commençons le recueil d'images et de témoignages.

Ce campement mobile de fortune est tellement improbable que je cherche des explications. Je me tourne vers une personne qui semble encadrer les hommes sur le lieu. Il m'explique : « On est au saut Papa-Constant. Avant, on avait installé une sorte de barrage où les pirogues devaient passer des chicanes et des filets pour qu'on puisse les contrôler, mais il était souvent forcé par les orpailleurs. En avril 2016, il y a eu l'attaque d'une bande armée qui voulait récupérer du matériel et une pirogue saisie le matin même. Il y a eu des tirs. Depuis qu'on a récupéré cette barge et qu'on l'a installée ici, on contrôle mieux les allées et venues des pirogues.

– « J'imagine que ces personnes doivent contourner les postes de contrôle en portant le matériel à la main à travers la forêt, n'est-ce pas ?
– Tout à fait, ça rend leur travail moins lucratif, et pendant la saison des pluies, les pistes qui permettent de nous contourner ne sont parfois plus praticables, ils sont durement pénalisés. »

Une fois le matériel chargé, on nous invite boire un thé. Tout le monde prend des nouvelles de tout le monde. Difficile de ne pas prendre conscience des conditions de vie difficiles : les hommes et femmes qui vivent à bord sont en cohabitation restreinte. Entre la promiscuité, l'isolement et l'humidité permanente qui empêche le linge de sécher correctement et apporte parfois des problèmes de peau, la vie sur un avant-poste demande de la rigueur et de la ténacité.

Les adieux sont pressants, la météo a tourné à l'orage et une pluie diluvienne s'abat sur la forêt. La pirogue se remplit d'eau tandis que nous effectuons le chemin en sens inverse à toute vitesse. Les soldats se relaient pour écoper. Entièrement trempés et frappés par la quantité folle d'eau qui s'abat du ciel, nous subissons pour la première fois de ce séjour les fureurs du milieu tropical. Ce ne sera pas la dernière.
Réveil à 6 heures le lendemain matin. Je m'équipe en quelques minutes à peine ; nous prenons vite le pli en reportage. Nous voilà parti pour deux heures de pirogue avec, en prime, un lever de soleil qui brûle le ciel.

« Le village de Twenké est situé au sud de ce fleuve, on a juste à le suivre », nous dit un soldat. Contrairement à hier où nous serpentions dans les méandres resserrés de la rivière, la vue est aujourd'hui dégagée. Le lit du fleuve est large et les murs de végétation qui partent du rivage s'étendent sur les collines lointaines. Et toujours cette brume d'humidité au-dessus des arbres… La forêt est vivante. Nous passons plusieurs sauts, croisons des pêcheurs et des habitations isolées le long du rivage. Le piroguier ralentit, nous arrivons. La rivière se divise en plusieurs bras qui se rejoignent tous en contournant l'île sur laquelle nous nous apprêtons à débarquer : Twenké.

Même spectacle qu'hier : le déchargement est exécuté à l'aide de militaires qui sont venus prêter main-forte. Un responsable nous retrouve sur le dégrad. « Bienvenue au poste opérationnel avancé de Twenké. Je m'occupe de vous faire visiter les lieux. » Il se retourne vers le village tout en continuant de marcher : « Twenké est un village amérindien du peuple Wayana, il jouxte un autre village amérindien appelé Taluen. Ils vivent essentiellement dans des maisons sur pilotis, car avec la saison des pluies, le sol est relativement humide. L'armée possède un bâtiment en bois au sein de ce village. Le reste du poste avancé est composé de différentes tentes dans lesquelles nous avons des lits picots avec moustiquaires. On est actuellement en mesure d'accueillir une quarantaine de personnes. »
Nous passons devant de grosses tentes à la bâche épaisse en saluant les personnes qui s'y trouvent. Des rigoles ont été creusées tout autour dans la terre humide et glaiseuse pour évacuer les torrents qui s'abattent du ciel en période de pluie.
Il reprend : « Ici, sous les pilotis du bâtiment en dur, vous avez la zone vie, tout ce qui concerne la collectivité et l'alimentation. Au-dessus se trouve le poste de commandement avec les transmissions, un dépôt d'armement et les locaux de l'encadrement. Ils se composent du chef de section, de son adjoint et de deux gendarmes. La première tente en face du bâtiment en dur est la tente dédiée au matériel. L'adjudant-chef Fabrice nous attend à l'étage, vous pourrez lui poser vos questions .»

Dès les premiers échanges, nous retrouvons la même logique que sur la barge Inini. « Nous cherchons à fatiguer les garimpeiros le plus possible pour qu'ils quittent la zone. En bloquant les flux logistiques, on tape dans ce qui a le plus de valeur avec les quads, les pirogues, le carburant… C'est un combat d'usure des deux côtés. C'est celui qui sera le plus combatif et le plus hargneux qui pourra prendre un peu l'avantage. » Fred, qui mène l'interview, le questionne plus spécifiquement sur le camp avancé.

Barge Inini

Village amérindien de Twenké

Les Wayana

« Dans le but d'aller chercher les garimpeiros le plus loin possible, nous avons établi un camp temporaire avancé ici, afin de nous faire gagner du temps pour ne pas partir à chaque fois de Maripasoula. Avec les conditions imposées par le milieu tropical, on ne peut pas vivre de la même manière qu'ailleurs. Ici, une coupure à cause du rasage va s'infecter, vous pouvez en être sûr à 100 %. C'est pour ça que les militaires peuvent porter la barbe. On ne va pas prendre le risque d'avoir un homme qui finit à l'infirmerie pour se donner un semblant de rigueur au quotidien avec le rasage. Le jeu n'en vaut pas la chandelle. »

En redescendant les escaliers en bois, je tombe sur un chien qui se roule sur le dos dans un nuage de poussière. Des poussins s'enfuient devant nous dans l'herbe, suivis de poules, tandis que l'on continue la visite. Des soldats s'agitent, nous entendons des éclats de voix : ils ont trouvé une araignée venimeuse dans un des lits picots. Elle est effectivement de grosse taille. Certains grimacent.

Le militaire nous introduit auprès du chef du village que l'on salue. Je lui demande : « Est-ce que vous m'autorisez à prendre quelques vidéos dans votre village pour illustrer mon reportage ? » Il répond du tac au tac, toujours assis sur sa chaise : « Y'a pas de problèmes ! »

Pendant que je capte des scènes de vie, comme cette femme qui alimente un feu, ces enfants qui jouent ou ces jeunes hommes qui manœuvrent des pirogues, je me rappelle les informations que j'avais lues sur ce peuple. On compte environ 1 000 Wayana en Guyane française qui cohabitent avec une cinquantaine d'Apalaï. Toutes les populations amérindiennes confondues de Guyane possèdent 382 000 hectares de territoire, mais celui-ci est malmené, ce qui les empêche de vivre comme ils l'ont toujours fait et provoque un profond mal-être.

Le hasard fait parfois bien les choses, car une anthropologue, Marianne Pradem, croise notre route entre les maisons du village. Je l'interpelle avec des questions plein la tête. « Partout où j'ai eu l'occasion de travailler, je pense que la première raison du mal-être est liée à la question du territoire. Ces populations vivent et obtiennent la quasi-totalité de ce dont ils ont besoin sur ces terres. Or leur territoire subit toutes sortes d'agressions, à commencer par

l'orpaillage illégal. Les garimpeiros utilisent des produits chimiques comme le mercure pour provoquer des réactions dans l'eau et trouver des paillettes d'or. Ce mercure se déverse dans les rivières et infecte les poissons normalement consommés par les Wayana. À présent, des études sont faites chaque année pour connaître la concentration de mercure relevée chez chaque espèce et définir celles qui sont propres à la consommation. »
J'aurais aimé démarrer un nouveau reportage sur la question des peuples autochtones et des difficultés qu'ils rencontrent. Grâce à Marianne Pradem, je venais de comprendre la part de responsabilité de l'orpaillage clandestin dans ce mal-être.

Il est l'heure de rentrer à Maripasoula. Nous naviguerons à deux pirogues, car une partie de la section s'est fait relever pendant que nous discutions avec Marianne. Même si je commence à mieux appréhender la problématique globale des trafics et de leur répression dans cette région du monde, l'immersion de demain en jungle s'annonce tout aussi riche en apprentissage.

Comment lutter contre un trafic illégal (sur terre et en mer) ?

« Impossible de contourner ce bras d'eau, il faut le traverser à la nage. En situation normale, nous aurions pu continuer en restant au sec pendant encore un moment, mais il a beaucoup plu ces derniers temps », nous chuchote le capitaine Christophe, commandant d'unité de la 3e compagnie du 8e régiment de parachutistes d'infanterie de marine (RPIMA). Le son d'un oiseau résonne dans l'obscurité de la forêt encore endormie.

L'éclaireur du groupe s'exécute. Il se glisse sans bruit dans l'eau qui lui arrive jusqu'à la poitrine. Il est 6 heures du matin et les seize soldats qui le suivent s'étirent en colonne tout en franchissant le cours d'eau.

C'est à mon tour de traverser. La terre glaiseuse et les racines glissantes rendent l'infiltration compliquée. L'obscurité de la nuit n'aide pas non plus. Interdiction d'allumer une lumière afin de rester les plus invisibles possibles.

« On doit parcourir environ 15 kilomètres pour arriver à la position définie », nous explique celui en charge de la topographie. « Cette marche d'approche va durer sept heures. »

Même en poussant les ISO de ma caméra à fond, on ne voit rien sous l'épaisse végétation à cette heure matinale. C'est déjà suffisamment difficile de suivre le groupe dans ces conditions, je préfère ne pas filmer tout de suite et laisse mes caméras dans le sac étanche que j'ai fixé sur la bretelle de mon sac à dos.

L'objectif de cette mission militaire régulière est de prendre en flagrant délit des personnes en train d'extraire illégalement de l'or sur le territoire français. Le plus paradoxal, c'est que ces personnes qui vont se faire prendre sur le fait sont celles que l'on a peut-être croisées ailleurs, devant la base militaire même.

Le jour de notre arrivée sur le camp Lunier, un sergent était venu me donner des explications sur cette particularité. Je me remémore ses mots: « Tous les baraquements que tu vois sur la rive d'en face, ce sont eux qui fournissent les orpailleurs. Ce sont des supermarchés pour eux. Dedans, il y a des concasseurs, des kits de ravitaillement alimentaires qui sont déjà faits. Il y a tout. Ils ont juste à mettre ça dans les pirogues, payer et ils partent livrer les sites. Le Suriname considère que tout le fleuve Maroni lui appartient tandis que la France considère qu'une partie du Maroni est à elle. Juridiquement, la séparation entre les deux pays est définie par la profondeur du fleuve; on considère que c'est le point le plus profond qui marque la limite. Mais c'est tellement irrégulier et fluctuant au cours de l'année que personne ne sait. C'est pour cela qu'il a été acté que le Maroni est une zone franche: aucune intervention n'est possible sur le fleuve, même pour un flagrant délit. »

L'adjudant-chef Fabrice est revenu sur ce même point hier, lors de notre passage à Twenké. « Le fait d'être en Guyane, mais à la limite avec le territoire surinamais, ça va forcément impliquer des réglementations. Le fleuve Maroni est un lieu international, on ne peut pas intervenir dessus. Parfois, oui, c'est frustrant, car on voit passer des garimpeiros devant nous sur le fleuve, certains nous font coucou de la main, d'autres des signes moins agréables. Et parfois, on peut se dire que l'on arriverait à mieux freiner les trafics si l'on pouvait faire évoluer quelques réglementations. Mais ce n'est plus de mon domaine, je suis dans l'opérationnel, ni juriste, ni diplomate. »

Nous avons eu la possibilité de nous entretenir avec le général Patrick Valentini, commandant de la gendarmerie de Guyane, qui nous a donné plus d'informations. « L'opération baptisée Harpie, qui existe depuis 2008, constitue le volet répressif de la lutte contre l'orpaillage illégal. Il s'agit du volet qui est le plus développé et le plus visible, parfois d'ailleurs le plus critiqué. L'objectif principal est de peser sur la rentabilité de l'exploitation illégale en travaillant à la fois sur les flux d'approvisionnement de cet orpaillage illégal et sur les sites eux-mêmes. Cette année (en 2018) on a produit un effort considérable sous l'impulsion du président de la République, qui l'a déclaré publiquement, et du préfet. On a plutôt des résultats encourageant, mais on a un combat qui est incessant parce que les flux se renouvellent constamment et on a surtout deux inconnues dans l'équation que nous ne maîtrisons pas. D'une part, le cours de l'or qui, tant qu'il restera aussi haut qu'aujourd'hui, continuera de donner une rentabilité très importante à cette exploitation. D'autre part, le niveau de vie des populations étrangères qui sont attirées par ce travail et auxquelles on fournit par cette activité, certes illégale, des revenus bien plus substantiels que si elles étaient restées dans leur région d'origine. »

Le camp Lunier sur la rive française qui fait face, côté surinamais, aux baraquements d'approvisionnement pour l'orpaillage illégal.

Entre les deux rives, une frontière floue...

Zone de pêche illégale

Présence d'or
+ pauvreté
+ frontières perméables
↓
Passages illégaux
+ trafics
+ pillage des ressources
+ traite humaine
+ pollution

Sur terre

En mer

La pause est finie. Le capitaine nous fait signe et tout le monde remet son sac sur le dos pour reprendre la marche. Il nous reste encore cinq heures avant d'arriver sur la zone du campement illégal. Le soleil perce à travers les branchages tandis que la forêt s'éveille. Les bruits changent et l'atmosphère se réchauffe. Nous nous suivons en colonne et en silence, les yeux rivés sur le sol devant nous.
Je n'avais jamais imaginé pouvoir un jour progresser au milieu de la forêt équatoriale de la sorte. Aucun chemin n'est tracé, on avance en suivant le GPS du militaire en charge de la topographie. Le sol est détrempé, il faut faire attention aux racines glissantes, aux arbres qui comportent presque tous des piques sur le tronc et aux éventuels serpents qui seraient tapis derrière d'épaisses racines.
On estime qu'une équipe comme la nôtre parcourt entre 800 mètres et 2 kilomètres par heure. La forêt recouvre le sol, mais cela ne signifie pas nécessairement qu'il est plat : nous évoluons au milieu de collines et les montées sont aussi éprouvantes que les descentes. Avec un tel relief, une telle végétation et autant de cours d'eau à franchir, la marche tient plus de l'aventure que de la randonnée.

Malgré le sujet sérieux que nous sommes venus traiter au cours de cette immersion, je ne peux m'empêcher de m'extasier devant la forêt guyanaise qui est l'une des mieux protégée et conservée dans son intégralité écologique. La déforestation et le défrichage sauvage ne sont que peu présents. L'orpaillage illégal est la menace qui pèse le plus sur l'environnement guyanais. Il est à la fois un problème économique, écologique et social.

« On va faire une deuxième pause, le campement n'est plus très loin. » Le capitaine ne va pas tarder à donner l'assaut. J'en profite pour discuter avec les gendarmes Victor et Arnaud. Ce sont eux qui seront en charge des saisies de matériel. Le gendarme Arnaud confirme : « En fait, la gendarmerie est là au niveau judiciaire. Les militaires sont là pour nous guider et nous protéger, car ce sont eux qui sont vraiment formés au combat. Il ne faut pas oublier qu'il y a des groupes armés. Donc eux nous guident, et nous, nous apportons l'expertise judiciaire. C'est nous qui saisissons. C'est une destruction en forêt, mais cadrée et autorisée par le procureur de la République de Cayenne. » Le capitaine reprend : « Dans la mesure du possible, on essaie de se concentrer sur les orpailleurs les plus dangereux ou qui ont le plus de pouvoir. Donc les logisticiens, ceux qui sont les patrons sur les sites d'orpaillages. Avec du renseignement et tout un jeu d'écoute, on essaie de détecter qui sont les personnes qui ont le pouvoir sur ces sites. »

Il emboîte le pas pour donner le mouvement, tout le monde le suit. L'adrénaline commence à monter. Après trente minutes de marche soutenue, le militaire en tête de file se retourne en silence, il tend la main ouverte vers nous, les doigts écartés. « 500 mètres de l'objectif. » Je veille à ce que mes caméras soient prêtes à tourner, ça va aller vite.
Au loin devant nous, derrière une touffe de végétation, la luminosité indique que l'on arrive dans une clairière. Tout le monde sort de la forêt pour arriver sur une zone dépourvue d'arbres : personne. Il s'agit d'un ancien camp. La couleur de la terre glaiseuse à nue vient contraster avec les tonalités verdoyantes. De vieux moteurs cassés et du petit matériel traînent encore sur le sol. « Gardez le silence, un filon n'est jamais seul, ils ont peut-être exploité une autre zone pas loin d'ici. » Le capitaine consulte le militaire en charge de la topographie et donne de nouvelles consignes : « On continue d'avancer, c'est possible qu'il y ait du monde sur un autre site que l'on avait repéré à dix minutes d'ici. »

Le lieutenant Bach me montre une zone inondée : « Ils ont dévié le cours d'une rivière pour mélanger la terre à l'eau. Les boues sont ensuite aspirées par les machines. C'est pour cela que tout est trempé. » Le groupe se dirige justement vers cette zone devenue marécageuse. Par endroits, l'eau nous arrive au nombril. Nous continuons de garder le silence. Des troncs d'arbres ont été posés afin de traverser ce grand espace au sec. Alors que nous jouons les équilibristes d'un pas toujours aussi pressé, un militaire en tête du groupe donne l'assaut : il est tombé sur des orpailleurs !

C'est la course, tout le monde se carapate au plus vite. L'assaut dure à peine deux minutes. Pendant que la partie avant du groupe poursuit les orpailleurs qui se sont enfuis avec une incroyable rapidité à travers la forêt, les personnes à l'arrière du groupe commencent à prendre position autour des objets qu'ils

Orientation et infiltration

La forêt équatoriale, un terrain difficile

1 - Vue satellite

1, 2 et 3
Il s'agit de
la même zone.

2 - Vue du réseau hydrique

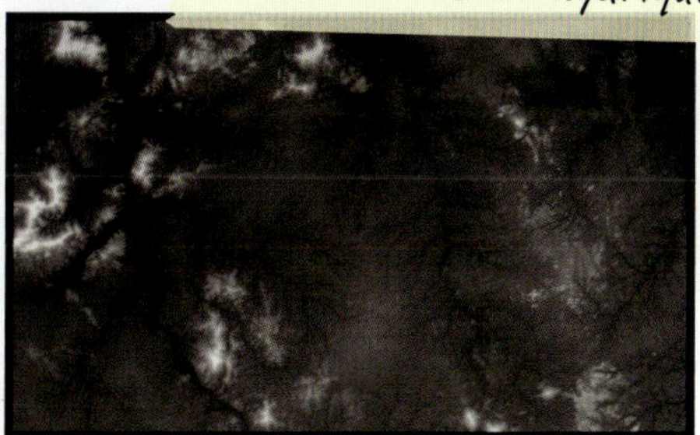

3 - Vue du relief

Traversée d'un cours d'eau

Ascension d'une colline

On entame une nouvelle marche jusqu'à un deuxième site d'orpaillage situé non loin du premier et qui nous a été indiqué par la dame. Le capitaine trouvera une bouteille de mercure sur celui-ci qui sera saisie.
Après un déjeuner constitué de nos rations de combat avalé en vingt minutes, il est temps de rejoindre le point d'extraction pour rentrer au camp Lunier. La section s'aligne à nouveau derrière le militaire en charge de l'orientation, tandis que les nuages se concentrent au-dessus de nos têtes. Il ne va pas tarder à pleuvoir abondamment.
La mission étant terminée, les soldats discutent plus facilement entre eux. Nous échangeons sur nos métiers et nos expériences, jusqu'à ce que nous tombions sur une route en terre, trois heures plus tard. Le camion et la P4 qui nous ont déposés ce matin viennent d'arriver. Clap de fin de ce tournage, tout le monde s'installe, encore trempé, à l'arrière de son véhicule.

Conscient que le simple volet répressif est insuffisant pour venir à bout de l'orpaillage illégal, je me remémore les mots du général Valentini : « Il a déjà été dit au lancement de l'opération Harpie qu'il fallait développer d'autres piliers que celui de la répression. Malheureusement, on a peu progressé dans ces directions. Ces piliers ne sont pas aisés à développer mais, aujourd'hui, on a des traductions plus concrètes. Le premier est le développement économique des territoires sur lesquels s'effectue le pillage de nos ressources, et le développement social qui va avec. Le second est la relation internationale, puisque ce phénomène est extrêmement internationalisé : environ 95 % de l'orpaillage illégal est effectué par la communauté brésilienne, tandis que les communautés surinamaises fournissent les bases logistiques et le matériel pour cette exploitation. Donc il est bien clair que l'on a besoin d'appuis de nos voisins pour améliorer la lutte. On a un nouvel officier de liaison, et une diplomate a été nommée au sein de la préfecture pour être chargée de renouer et de retisser les liens qui s'étaient un petit peu distendus, notamment au niveau policier et judiciaire, avec le Suriname. On a donc une structure identifiée à la préfecture pour la première fois sur la relation internationale. Ça se construit peu à peu. Mais c'est complexe, car l'accord ne se bâtira que sur un intérêt commun. Le but, c'est de les amener sur ces sujets et de trouver des positions communes. Mais ça, c'est plutôt un travail de diplomate que de policier ou de gendarme. »
Effectivement, vu du Brésil et du Suriname, cet enjeu n'apparaît clairement pas comme une priorité : le Brésil, sans rien dépenser, compte 10 000 citoyens qui gagnent leur vie alors qu'ils étaient dans le besoin auparavant. Ce n'est pas dans son intérêt d'aller leur dire d'arrêter d'exploiter illégalement le sous-sol du voisin. Pour cela, il faudrait que la France trouve autre chose à lui proposer en échange qui le convaincrait de le faire. Et dans certaines régions du monde, il n'est pas toujours facile de trouver ce point d'entente.

Toujours assis à l'arrière de la P4 qui roule en direction de Maripasoula, je lève les yeux vers le ciel. Il est couvert mais les couleurs de fin de journée viennent lui donner un ton chaleureux.

Saisie et destruction du matériel trouvé sur place.

24 h à bord de la Résolue

Comment protéger un lancement de fusée ?

©ESA CNES Arianespace 2018

En relevant la tête, j'aperçois au loin le panneau qui indique l'entrée dans la ville de Kourou. Cela fait une heure que nous roulons depuis Cayenne et nous sommes attendus au CSG : le Centre spatial guyanais. « On devrait arriver dans 20 minutes », nous lâche un des officiers de communication de l'Armée de terre. La route rectiligne est bordée de végétation tropicale et laisse place régulièrement à de larges plaines d'herbe haute. Ces espaces étant parfois privés, il n'est pas rare de voir quelques habitations en bois et en taule au milieu de ces lopins de terre éparpillés. On passe un pont. La rivière, le Kourou, passe en dessous de nous et vient se jeter dans la mer sur notre droite.

« … De la terrasse de la salle Jupiter, on aperçoit très bien la fusée décoller. Le lanceur produit une large colonne de fumée lorsqu'il s'élève dans le ciel, vous ne pourrez pas le rater ! J'espère que la météo ne va pas changer. » Je prends en route la conversation que Fred avait commencé avec notre conducteur. C'est courant que les lancements soient reportés de quelques heures à quelques jours en raison d'une mauvaise météo.
Nous arrivons dans l'enceinte du CSG dont la route bordée de drapeaux mène jusqu'à l'accueil. Une maquette grandeur nature d'une fusée vient nous rappeler pourquoi nous sommes là. Un lancement Ariane 5 est prévu cet après-midi

Un ordre vient d'être donné dans les radios militaires des légionnaires : celui d'évacuer la zone. On est à une heure de la mise à feu et les équipes terrestres rejoignent à leur tour un des douze lanceurs mistral situé à l'extérieur de l'enceinte de sécurité. La fusée se retrouve donc isolée, prête à décoller et entièrement contrôlée à distance par les équipes d'ingénieurs qui ont un visuel vidéo en direct. Je jette un dernier regard vers le pas de tir et vers le lanceur Ariane. Difficile de me dire que dans moins d'une heure et demie, il filera à plus de 8 km/s une fois qu'il aura quitté l'atmosphère.

On me fait signe de m'activer, il est temps d'y aller. Alors que le véhicule effectue le chemin jusqu'au centre des opérations, je me remémore l'échange que j'ai eu avec Paul Wohrer, chercheur à la Fondation pour la recherche stratégique (FRS). « À côté d'un centre de lancement, nous avons besoin d'une zone géographique où il n'y a pas d'habitations. Ce qui se passe, c'est que lorsqu'on lance un lanceur spatial, il est composé de plusieurs étages – 1, 2 ou 3 selon les modèles. La plupart des étages retombent sur Terre, ils ne se mettent pas en orbite avec la charge utile. C'est pour éviter qu'ils retombent sur des habitations que les centres de lancement sont le long d'un littoral (Cap Canaveral, Kourou, base de Vandenberg). On a quelques exceptions, dont le centre spatial de Baïkonour qui est situé au milieu du désert du Kazakhstan. »

Fred rejoint un toit dégagé sur lequel a été déployé un lanceur Mistral. Je serai pour ma part dans le CSG au sein du centre de contrôle Jupiter. Je rejoins une salle réservée à la presse dans laquelle il y a un ordinateur avec plein d'informations sur le lanceur et le satellite de télécommunication qui s'apprête à rejoindre l'espace. Une large vitre devant la table permet de voir la salle de contrôle Jupiter.
J'observe de l'agitation. Les opérateurs derrière leur épaisse vitre sont eux toujours aussi concentrés. Nous sommes à deux minutes du lancement, je quitte précipitamment la pièce pour rejoindre une terrasse extérieure ouverte aux personnes présentes dans la salle Jupiter.

Le compte à rebours change d'unité pour passer aux secondes. La concentration est à son comble. Tous les militaires sont à leur poste, alertes, scrutant les environs à la recherche de toute anomalie. Fin du compte à rebours, allumage des moteurs : le lanceur Ariane s'élève dans le ciel tandis que le bruit vrombissant des moteurs qui propulsent l'engin vers l'espace ne se fait entendre que quelques secondes plus tard.
Alors que les touristes s'extasient devant un tel spectacle, appareil photo en main, les militaires guettent le ciel et la lisière des forêts, semblant presque peu dérangés par cette énorme colonne de fumée qui se dessine derrière eux dans le ciel.

Le lanceur continue de prendre de la vitesse et de l'altitude jusqu'à finalement disparaître derrière des nuages. À peine vingt minutes après le lancement, l'engin se situe à plus de 7 000 kilomètres de la base avec une vitesse de 8 km/s et une altitude de 296 kilomètres. Le lancement est une réussite : le clap de fin est annoncé au micro.

Mission réussie pour ces soldats dont le travail vient soutenir celui d'ingénieurs, de techniciens et d'autres militaires qui ont travaillé en amont sur la partie purement technique de ce lancement. Un travail qui recommencera le mois prochain, puisque l'on compte en moyenne dix à douze lancements par an à Kourou. Trois types de lanceurs peuvent décoller depuis le CSG – Ariane (France), Soyouz (Russe) et Vega (Europe) – mais, à chaque fois, le protocole de sécurisation reste presque inchangé.
Au total, l'opération Titan mobilise des hommes entre 50 et 60 jours dans l'année ; des moyens importants à la hauteur des enjeux stratégiques de celle-ci, bien qu'aucune menace directe n'ait jamais été recensée à ce jour.

Sécurisation aérienne et maritime

Obtention d'images grâce à CSO-I

©CNES – DGA / novembre 2018

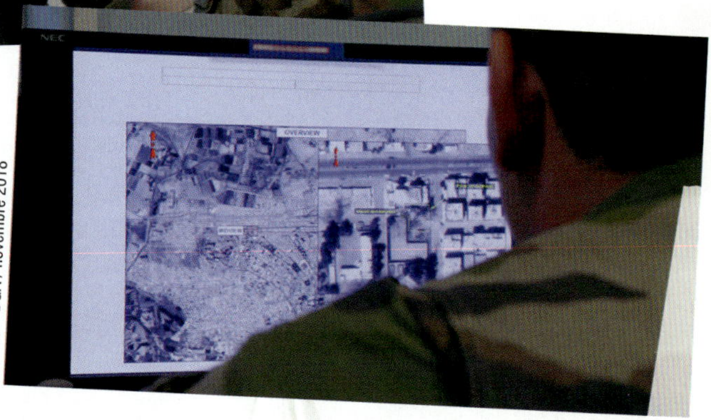

©CNES – DGA / novembre 2018

Mise en orbite du satellite

©ESA CNES Arianespace 2018

©CNES/Mira Productions/PAROT Rémy, 2018

L'enceinte la plus proche du lanceur est protégée jusqu'à une heure avant le lancement.

Protection terrestre

Opération Titan

Lanceur Mistral fixé à l'arrière d'un camion.

SALLE JUPITER

Le cœur du Centre spatial guyanais.
C'est d'ici que sont dirigées les opérations.

Observation du lancement depuis la terrasse de la salle Jupiter

Cabine pour les journalistes

Quelques semaines plus tard, nous voilà de retour pour assister à un deuxième lancement. Le satellite qui va être mis en orbite est dénommé CSO-1. Il fournira des images de très haute définition à l'armée française, et sera envoyé dans l'espace par un lanceur russe Soyouz. Le lancement étant plus sensible, la sécurité est renforcée.

Nous rejoignons la zone depuis laquelle nous observerons le lancement dans quelques heures. Des quads patrouillent, tandis que des camions surmontés d'une mitraillette se postent à notre niveau. Un tireur de précision scrute l'orée de la forêt, tandis que deux Rafale se partagent le ciel avec des hélicoptères qui réalisent de larges cercles autour du pas de tir.
Jusqu'à aujourd'hui, il n'y a jamais eu d'attaque ou d'interférence étrangère connue dans le lancement d'un satellite. C'est pour éviter ce type d'évènement que la base est protégée dans le cadre de l'opération Titan. Cette opération a un effet dissuasif.

Tout le monde se concentre, car il ne reste plus qu'une minute avant l'allumage. Il s'agit d'être précis, car on n'entendra les vrombissements du moteur qu'après un certain temps. Le lanceur aura déjà eu le temps de monter haut dans le ciel.

L'œil vissé derrière mon appareil, j'aperçois le lanceur Soyouz s'élever à toute vitesse vers sa destination finale. Telle une comète brûlante, il laisse derrière lui une légère colonne de fumée qui se dissipera quelques minutes seulement après son envol. Vingt minutes plus tard, alors que je viens seulement de me remettre de cette mise à feu impressionnante, CSO-1 commence sa navigation quelque part à 800 kilomètres au-dessus de nos têtes. ■

Golfe de Gascogne
FRANCE
La Corogne
Bilbao
Saragosse
Valladolid
Barcelone
OCÉAN
ATLANTIQUE
PORTUGAL
MADRID
Valence
Murcie
MER
MÉDITERRANÉE
Séville
Málaga
El Ejido
Détroit de Gibraltar
ALGÉRIE
MAROC

Infos territoire

Le sud de la péninsule Ibérique semble connu de tous pour son patrimoine touristique et sa cuisine. De Grenade à Séville en passant par Cordoue et les villages blancs d'Andalousie, il n'y a que l'embarras du choix. De la frontière française à Malaga, la côte espagnole est très prisée pour le tourisme balnéaire.
Alors que la France est, en 2019, le pays le plus visité au monde avec 82,6 millions de touristes, l'Espagne la talonne avec ses 82 millions de touristes accueillis sur la même période.

Pourtant, si l'on s'intéresse à la géopolitique du pays, c'est vraiment sur la partie la plus au sud de cette région que notre regard doit se porter. Coincé au sud du continent européen et au nord du Maroc, le détroit de Gibraltar relie l'océan Atlantique à la Méditerranée. Il s'étend sur une soixantaine de kilomètres du cap Trafalgar au territoire britannique de Gibraltar. Néanmoins, à son point le plus étroit, il mesure 14,4 kilomètres de Punta de Oliveros aux îlots marocains de Point Cires. Sa profondeur maximale est de 900 mètres pour une moyenne de 300 mètres.

Quand on prend de la hauteur et que l'on s'intéresse au transport maritime de marchandises dans le monde, la route principale reliant l'Asie à l'Europe passe par la Méditerranée en empruntant le canal de Suez et le détroit de Gibraltar. Ce détroit se situant sur une importante voie maritime, il est incontournable dans le commerce international de marchandises. C'est un passage obligé. Et forcément, la région bénéficie d'un fort attrait stratégique. C'est pour cela qu'au cours de l'histoire, le Royaume-Uni y a gardé un pied-à-terre grâce à l'enclave de Gibraltar, tandis que l'Espagne possède, elle, deux petits territoires enclavés en Afrique du Nord, Ceuta et Melilla.

Les routes migratoires en Méditerranée sont mouvantes selon les pays d'origine des migrants. L'axe Maroc-Espagne a longtemps été une des routes favorisées et il est intéressant de se déplacer à Melilla pour observer que les hauts grillages qui séparent le territoire espagnol du Maroc n'ont rien à envier aux murs à la frontière entre les États-Unis et le Mexique, ou bien à ceux construits en Cisjordanie par l'État d'Israël. Des murs, il en existe aussi aux portes de l'Europe…

On ne sera plus là pour le voir, mais les plaques tectoniques européenne et africaine se rapprochent l'une de l'autre à hauteur d'un centimètre en moyenne par an. Cela devrait conduire à la fermeture naturelle du détroit dans… quelques millions d'années !

Pourquoi l'Andalousie est-elle si semblable à la Californie ?

Le monsieur aux cheveux en pétard, avec son chien sur les genoux, rigole quand je lui dis que je veux passer trois jours seul dans le désert de Tabernas.
« Mais pour quoi faire ?
– Bah, pour me balader, prendre des vidéos… Je retourne vers El Ejido en fin de semaine. »
Il continue de rire sans même me regarder. Je n'arrive toujours pas à comprendre ce que j'ai dit de si drôle. Il conduit le camping-car à vive allure. « Par ici, c'est parfait, je vais pouvoir rejoindre le désert à pied.
– Comme tu préfères », me répond-il.
Je le remercie chaudement de m'avoir pris en stop en descendant. Il repart, me laissant seul, sur le bord de la route. « Quel personnage ! Complètement loufoque ! »

Personne aux environs, il y a l'air d'y avoir peu de passage par ici. Je descends de la route et arrive aux abords de longues étendues désertiques. Au loin, des badlands me font penser à un canyon américain. « C'est ici que ça commence », dis-je à haute voix en entamant une marche qui va durer trois jours. Mon sac à dos est lourd, entre le matériel vidéo, l'eau, la nourriture et ce qu'il faut pour bivouaquer, je n'ai pas forcément choisi l'option la plus légère.
Mes écouteurs sur les oreilles font défiler quelques musiques de western. Quitte à vouloir m'immerger dans une ambiance de ruée vers l'or, autant

y aller à fond ! J'enjambe quelques buissons secs qui jonchent ponctuellement le sol et contourne des cactus en m'enfonçant dans la vaste plaine semi-désertique. Cette région d'Espagne est connue pour son extrême aridité, et elle figure parmi les rares contrées désertiques d'Europe. Le désert de Tabernas où je me trouve actuellement est un lieu privilégié du cinéma. Certains tournages de films renommés y ont vu le jour en raison de sa similarité avec le Far West américain, dont de nombreux westerns spaghetti des années 1960 et 1970 à aujourd'hui. De *Conan le Barbare* à *Black Mirror*, en passant par *Pour une poignée de dollars* et *Indiana Jones* sans oublier *Game of Thrones*, *Terminator* et le film *Assassin's Creed*, tous y ont été tournés. La venue de Harrison Ford, Clint Eastwood, Quentin Tarantino et Arnold Schwarzenegger a de quoi faire pâlir Hollywood ! Mais vous allez voir que la comparaison avec la Californie ne s'arrête pas là !

Un coup d'œil sur une carte satellite permet de mieux comprendre les enjeux de la région : eau, agriculture, désert, aridité et tourisme. On y retrouve à peu près les mêmes ingrédients que sur la côte sud-ouest des États-Unis : présence de terres très arides (déserts de Tabernas pour l'Andalousie, désert de Mojave et vallée de la Mort pour la Californie) et de grandes villes aux abords de ces terrains secs (Almería pour l'Andalousie, Los Angeles et San Francisco pour la Californie) qui consomment de l'eau pour le tourisme et les activités balnéaires.
L'eau doit aussi y être arbitrée pour l'irrigation d'immenses zones agricoles.
Côté espagnol, les environs de la ville d'El Ejido (Almería) concentrent une quantité astronomique de serres qui produisent les denrées alimentaires d'une grande partie de l'Europe. Côté américain, la vallée de la Salinas et la vallée Centrale sont elles aussi des lieux hautement productifs. Alors que El Ejido est surnommé « le grenier de l'Europe », la vallée de la Salinas reçoit la douce appellation du « saladier de l'Amérique ».
C'est pour nourrir toutes ces productions alimentaires que nos deux régions regorgent de barrages et de réservoirs d'eau. Car les murs ne servent pas toujours à empêcher des personnes de passer, ils servent parfois à empêcher l'eau de couler.
Si l'on veut pousser la comparaison encore plus loin, on peut faire un dernier rapprochement entre les migrations que l'on observe du Maroc au sud de l'Espagne et celles entre le Mexique et les États-Unis.

La fin de journée approche et je décide de planter le bivouac. Seule personne dans un petit rayon de plusieurs kilomètres, je me délecte de cette solitude voulue. Alors que je monte la tente, je repense à une information que j'ai lue à propos de ce désert.

Il y a des millions d'années, cet endroit était recouvert par la mer Méditerranée située à présent à une trentaine de kilomètres de là. En me penchant sur certaines formations rocheuses, je découvre des fossiles de coquillages. Hallucinant ! C'est d'autant plus surprenant quand on se trouve sur un plateau où l'eau semble être l'élément le plus absent aujourd'hui.

Au fil du temps, le niveau de la mer Méditerranée a diminué et la région a fini par devenir un bassin sédimentaire. Du sable, de l'argile et du limon se sont accumulés au fond de cet ancien fond marin. Le soleil, le vent et la pluie (rare et torrentielle) ont modelé l'érosion jusqu'à créer l'impressionnant désert de Tabernas tel qu'on le connaît aujourd'hui, avec son paysage caractéristique semblable à celui des Badlands.

El mar de plastico

Environs de la ville de Tabernas

Désormais, en raison du défrichement à outrance que l'homme y a exercé et de sa protection tardive à partir de 1989, Tabernas n'est plus qu'un immense désert.
Je m'endors en imaginant ce à quoi pouvait réellement ressembler la conquête de l'Ouest à l'époque.

La deuxième journée est plus compliquée que la veille, car il commence à y avoir du relief. L'ambiance n'a pas bougé en revanche. Des longs espaces arides, je suis passé par quelques canyons qui rappellent des scènes d'embuscades dans certains westerns. Un point de vue me permet de prendre de la hauteur. Je me rapproche d'Almería!
D'ici, je peux en effet voir la ville au loin, il me reste encore de la route. Je ne passe pas loin de la plateforme solaire d'Almería, qui est la plus grande d'Europe. Elle a été installée pour mener des expériences sur l'énergie thermique solaire. Une recherche de haute technologie est effectuée au même endroit. Malgré la distance, j'arrive à entrevoir les panneaux installés qui réfléchissent la lumière et la concentrent en un point précis. J'aurais aimé y jeter un œil de plus près.
La nuit tombe de nouveau. Je dors dans les montagnes au pied des restes des fondations d'une maison en pierre. Exténué par la marche et par le rationnement en eau, je m'enroule dans la toile de la tente sans même la monter et dors à la belle étoile, le ciel en partie jauni par la pollution visuelle des lumières d'Almería. Léger mal de tête qui passera avec le sommeil.

Troisième et dernière journée de marche. Plus je m'approche d'Almería, plus des infrastructures et des routes viennent barrer mon chemin. Je trouve des petits tunnels sous l'autoroute pour finalement tomber sur un chemin de terre qui mène à des habitations.
Nous sommes dimanche et le seul magasin ouvert est une station-service. Les vendeuses ont dû être surprises, je n'étais clairement pas très présentable après ces trois journées dans le « Wild Wild West ». Je me rassure en me disant que les cow-boys ne devaient pas tous l'être non plus à l'époque. Je crois qu'il est temps de prendre une douche.

Le centre historique d'Almería est vraiment dans son jus. Entre l'Alcazaba – une grosse forteresse posée sur un éperon rocheux –, le front de mer et les petites places si typiques d'Espagne, je plonge à présent dans une nouvelle ambiance. La ville tient son nom du calife de Cordoue Abdal-Rahman III, qui l'a surnommé Al-Mariy-Yat, ce qui signifie le phare ou bien la tour de guet. L'Alcazaba est la plus grande forteresse musulmane d'Al-Andalus.
Mais ce n'est pas forcément ce patrimoine historique qui rend la ville si connue aujourd'hui. Et cela, j'allais le découvrir dès le lendemain. Un hôtel m'ouvre ses portes dans le centre-ville. La douche m'enlève définitivement le reste de cow-boy en moi avant de me ravitailler au petit restau du coin.

Un territoire aride et pourtant gourmand en eau

Infos sur la zone

Je loue une voiture et me dirige vers El Ejido, notre fameux grenier de l'Europe. Je n'allais pas être déçu. En m'extirpant de la ville, je passe par la côte. Almería attire beaucoup les touristes européens qui profitent du climat doux et des belles plages de la région. Mais celles-ci laissent à présent place à un port industriel. De gros navires ont remplacé les parasols.
Après une quarantaine de minutes de route, le contraste est saisissant ! Une étendue de serres recouvertes de bâches en plastique s'étend littéralement à perte de vue. D'un désert semi-aride, mes yeux se posent à présent sur la fameuse « mer de plastique ». On ne devient pas le grenier de l'Europe sans rien.
Alors que je sors de l'autoroute pour rejoindre des chemins qui serpentent entre les serres, je me souviens du temps que j'avais passé sur Google Earth avant ce reportage. La muraille de Chine n'est pas visible depuis l'espace, mais ce qui est certain, c'est que les environs d'El Ejido, eux, le sont.

Les 35 000 hectares de la zone représentent, semble-t-il, la plus grande concentration de production de fruits et légumes sous serre au monde. Toute l'économie locale dépend de ce modèle de production ! Les serres continuent de s'étendre, atteignant même des terrains creusés dans la montagne par d'énormes engins. Pendant la haute saison, un millier de camions quittent la région chaque jour.
Vous vous en doutez, avec une telle concentration de productions agricoles et avec une telle demande en eau, une grande partie de la province est menacée par la désertification. Il s'agit ici d'agriculture intensive et, même si ces serres sont construites pour répondre à un besoin alimentaire, elles n'en sont pas moins critiquées. Les aquifères s'y rechargent en eau beaucoup plus lentement qu'on ne la pompe pour les besoins agricoles et chaque nouveau quota d'eau obtenu des barrages en amont sert, selon les experts, non pas à alléger le déficit hydrique mais à irriguer encore plus de serres.

Je vais passer deux jours à déambuler et à prendre des images du lieu. Je m'informe davantage sur la zone dans ma chambre d'hôtel. Les reproches qui concernent le mode de production alimentaire d'El Ejido concernent autant les impacts environnementaux que le système agricole en lui-même, très libéral. Des scandales notamment liés à l'exploitation de la main-d'œuvre ont explosé au début des années 2000.

Le fait que de grands groupes alimentaires aient la mainmise sur les productions et les gèrent avec une telle optique de recherche de bénéfices a fait que les salaires ont été tirés vers le bas, reniant à de nombreuses reprises le droit du travail. Cela a été facilité par le fait que la région d'Almería attire un grand nombre d'immigrés qui veulent travailler dans l'agriculture sous serre.

En allant chercher à manger, il m'a suffi de sortir un peu des axes principaux pour y trouver des travailleurs, avec ou sans papiers, qui vivent en marge ou bien parfois même dans des bidonvilles sur des terrains vagues. À la catastrophe écologique et économique s'ajoute la catastrophe sociale. Je repense à la comparaison avec la Californie et m'interroge pour savoir si cela est visible aussi là-bas. Avec une telle proximité avec le Mexique, cela ne m'étonnerait pas. Je rentre à l'hôtel.

Alors que j'ai commencé ce reportage il y a une semaine déjà, en partant d'une zone où l'eau se faisait rare, j'ai décidé de le terminer là où ce précieux liquide était abondant. Et pour cela, il faut que je me dirige en amont, vers les montagnes.

Après avoir dépassé la Sierra Nevada, je fais route vers le barrage Negratin, dont la retenue est l'une des plus importantes du coin. J'y arrive dans le noir de la nuit. À défaut de pouvoir trouver un lieu pour dormir, je m'allonge sur la banquette de la voiture et ferme les yeux.

Étant stationné non loin d'une route, je me réveille au passage d'une voiture. Je décide de prendre le petit déj au niveau d'un point de vue qui domine le barrage. Le paysage est splendide mais il me rappelle que la région ne fait pas dans la demi-mesure. Après une immensité de désert, suivie d'une immensité de serres en plastique, me voilà face à une nouvelle étendue gigantesque, d'eau cette fois-ci. Trois salles, trois ambiances.

Le détroit de Gibraltar est-il un pont ou bien un mur ?

Debout sur un rocher, je scrute la baie de Gibraltar aux jumelles. Je reconnais les lieux, car j'ai eu l'opportunité de m'y rendre trois ans plus tôt. Les cargos, le port d'Algésiras, le rocher de Gibraltar… rien n'a changé.
Je me suis donné une semaine pour mieux comprendre cette région à cheval entre l'Afrique et l'Europe. Deux langues de terre si proches, séparées par deux énormes bassines qui se déversent légèrement l'une dans l'autre par un fin passage. Pas étonnant que les courants dans le détroit soient réputés pour leur dangerosité. Tarifa, la ville la plus au sud du continent européen et qui débouche dans ce passage, est un spot très prisé pour le kitesurf.

Je décide de commencer en prenant de la hauteur. Je passe la frontière anglaise de Gibraltar et me dirige à pied vers le centre-ville. Un téléphérique permet de monter jusqu'au sommet du rocher. La montée dans la cabine est l'occasion de prendre conscience de la baie, partagée avec l'Espagne.
Mais c'est au sommet au bout du rocher que l'on comprend le mieux le caractère stratégique du lieu. Le détroit est l'un des passages obligés de la grande route maritime du commerce international : il est la deuxième voie maritime

la plus utilisée après la Manche. Franchi annuellement par environ 100 000 navires, il est prisé depuis la fin du Moyen Âge, période où un commerce conséquent par la mer s'était établi entre l'Europe du Nord et l'Italie. Le détroit est devenu encore plus stratégique lors de l'ouverture du canal de Suez en 1869. Depuis lors, il permet le passage de l'Atlantique non seulement vers la Méditerranée, mais aussi vers l'océan Indien, évitant la longue route du cap de Bonne-Espérance.

Du point de vue juridique, le détroit de Gibraltar est considéré comme un détroit international. Ainsi, les navires qui l'empruntent bénéficient d'un régime de libre circulation qui est garanti par la Convention des Nations unies sur le droit de la mer.

Ce droit de passage y est défini comme l'exercice de « la liberté de navigation et de survol à seule fin d'un transit continu et rapide par le détroit entre une partie de la haute mer ou une zone économique exclusive et une autre partie de la haute mer ou une zone économique exclusive » (art. 38.2 - CNUDM).

Concrètement, le « transit sans entrave » est accordé à tous les navires, y compris ceux des flottes militaires, du moment qu'ils ne manifestent aucune hostilité envers les États côtiers. En revanche, en tant qu'États riverains, l'Espagne et le Maroc sont tenus de garantir la sécurité de la navigation dans le détroit.

Les ports de marchandises d'Algésiras et de Tanger Med se font presque face de chaque côté des 14 kilomètres d'eau. Rachid Houari, le directeur de Tanger Med, explique : « Nous partageons avec le port espagnol un trafic de près de 3 millions de passagers et de 330 000 camions par an avec, en outre, près de 10 000 escales par an entre Tanger et Algésiras. »

Pourtant, l'Espagne, le Maroc et le Royaume-Uni partagent quelques différends territoriaux.

L'Espagne revendique Gibraltar – territoire britannique –, tandis que le Maroc réclame l'enclave espagnole de Ceuta depuis son indépendance en 1956. Pourtant, malgré ces litiges, l'Espagne et le Maroc n'en sont pas moins des partenaires dans la lutte contre les flux irréguliers vers l'Europe.

Géographie du détroit de Gibraltar

Grillage qui sépare l'Espagne, de Gibraltar

Même endroit, 3 ans plus tôt, début 2015

L'Égypte, un pharaon aux pieds d'argile ? Entre grandeur et fragilités !

L'air chaud envahit le taxi. Il roule vite et parcourt les rues désertes du Caire sur fond de musique populaire égyptienne. À cette heure-ci, tout le monde dort. Il me dépose au pied d'un grand bâtiment. Personne. J'essaie de téléphoner et, par chance, quelqu'un décroche. Il vient m'ouvrir.
Le chauffeur attend son pourboire. Je m'en veux encore, mais le taux de change ayant évolué tellement rapidement ces dernières années, je ne l'ai que très peu rémunéré. Je comprends mieux sa petite grimace malgré sa gentillesse. Ça m'apprendra à ne pas regarder le taux de change avant de partir et à n'avoir qu'un guide touristique vieux de deux ans dans les bagages. Les petits détails comptent.
Je me réveille avec l'agitation de la ville. Le Caire est une fourmilière bouillonnante, difficile de vivre en décalé. La découverte de la ville peut être un peu âpre à cause de cette extrême agitation, mais elle recèle de nombreux trésors. La traversée des routes est mémorable : il suffit de s'engager sur la voie en esquivant habilement les voitures qui freinent timidement en vous voyant traverser. Il faut apprendre à se faufiler à pied dans des embouteillages et à passer au travers des salves de klaxons.

L'Égypte est un de ces pays où il est difficile de dissocier l'image que l'on se fait du territoire de la grandeur de son passé et de son histoire. Par exemple, difficile pour un étranger de penser à la France sans glisser inconsciemment des références à son histoire, à ses monuments, au Moyen Âge, à la Renaissance… Idem pour l'Italie où l'époque romaine vient marquer les esprits avec le patrimoine encore présent dans tant de villes. On pourrait se poser la même question pour la Grèce ou le Japon. L'Égypte semble être la championne de cette catégorie. Quand il s'agit de votre première visite dans le pays, même en vous étant bien renseigné, vous ne pourrez vous empêcher de chercher toutes les références à la période antique.
Confronter l'histoire du pays et l'idée que l'on s'en fait à la réalité… Voyager aide à se défaire de certains clichés et à voir ce qui perdure. Cela permet de dissocier ce qui tient de la réalité et du mythe. L'opération peut parfois retirer un peu de magie et de paillettes, mais cela offre une vision plus vraie de ce qu'est le pays aujourd'hui.

Nous sommes en pleine période de ramadan. N'étant pas musulman, je décide quand même de me plier quelques jours à cette période de privation.
Après plusieurs jours dans le centre du Caire, à me faufiler dans les rues étriquées du quartier islamique, je décide de continuer à jouer les touristes en me rendant aux pyramides de Gizeh. À l'écart sur mon promontoire, je prends le temps de m'imprégner de cette atmosphère.

D'un point de vue géographique et géopolitique, l'Égypte est un pays fascinant! À la fois pays de grandeur et d'ouvrages colossaux, il est aussi sur le fil du rasoir en étant terriblement vulnérable sur certains plans. Ce sont ces contrastes qui lui donnent son caractère: entre l'immensité de ses paysages désertiques totalement vides et les zones ultra-denses, entre le gigantisme des ouvrages réalisés (pyramides, barrage d'Assouan, canal de Suez) et la vulnérabilité, entre la richesse de son histoire et la fragilité de son tourisme aujourd'hui.
Des temples très fréquentés du Sud aux abords du canal de Suez, où il est formellement interdit de prendre des photos, ces reportages vont m'amener à m'intéresser pendant un mois à des zones pas toujours mises en lumière.
Je pars en bus dès le lendemain matin.

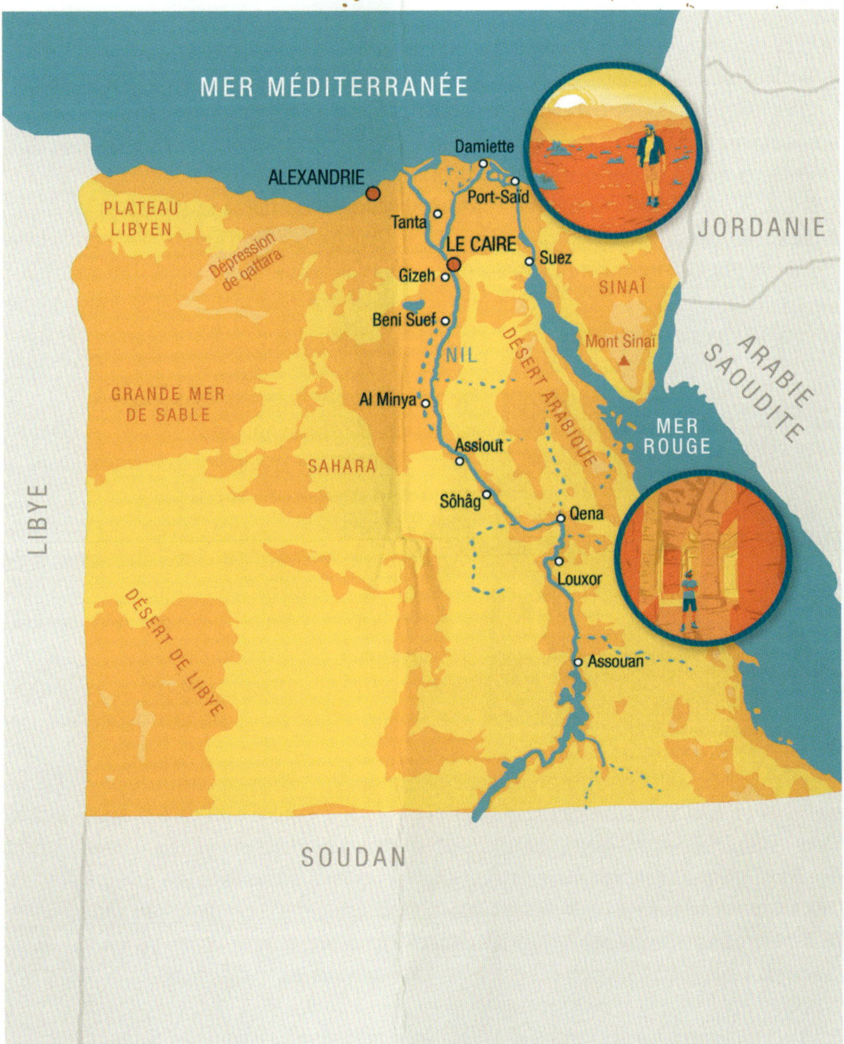
MER MÉDITERRANÉE
Damiette
ALEXANDRIE
Port-Saïd
PLATEAU LIBYEN
Tanta
LE CAIRE
JORDANIE
Dépression de qattara
Gizeh
Suez
SINAÏ
Beni Suef
DÉSERT ARABIQUE
Mont Sinaï
NIL
ARABIE SAOUDITE
GRANDE MER DE SABLE
Al Minya
MER ROUGE
Assiout
SAHARA
LIBYE
Sôhâg
Qena
Louxor
DÉSERT DE LIBYE
Assouan
SOUDAN

Infos territoire

Grand comme deux fois l'Espagne, l'Égypte est le 14e pays le plus peuplé au monde après les Philippines et devant le Viêt Nam. Parmi tous les pays du Moyen-Orient, l'Égypte possède la plus grande population. Mais comble du hasard, c'est un pays qui a une des géographies les plus atypiques au monde. Avec un territoire recouvert à 92 % de déserts, les Égyptiens se sont installés au cours de l'histoire le long du Nil et dans son delta. Si bien que l'on estime que 99 % de la population vit sur moins de 6 % du territoire ! L'étude des densités de population est très révélatrice : la moyenne nationale est de 83 habitants/km² alors que la vallée du Nil en compte 1 500 habitants/km².

Et comment parler du pays sans évoquer sa capitale, Le Caire, qui héberge un Égyptien sur quatre ? Il s'agit de la première ville du monde arabe et du continent africain. Depuis 25 ans, la population de la ville a doublé et sa superficie a triplé. La mégalopole va dépasser les 30 millions d'habitants en 2050 contre 4 millions en 1966 (ce qui équivalait déjà à l'époque à deux fois la population parisienne actuelle).

Parmi les gros défis que rencontre le pays, il y a celui de la lutte contre la pauvreté. Presque un Égyptien sur trois vit sous le seuil de pauvreté. Une partie des jeunes entretient un vif désir d'émigration : 70 % des émigrés ont entre 20 et 39 ans et sont en majorité des hommes. Cela est dû à la détérioration de la situation économique après le « Printemps arabe » de 2011, l'absence de perspectives et la déception née de la restauration autoritaire du régime du président Abdel Fattah al-Sissi. Officiellement, il s'agit d'une république, mais les agissements de ces dernières années provoquent de nombreux mécontentements face à un virage vers un État autoritaire. On peut citer deux autres défis de taille : les questions de santé (plus de la moitié des Égyptiens fument quotidiennement ; près d'un quart de la population souffrirait d'hypertension artérielle) et le besoin de développer le pays dans un modèle qui lutte mieux contre le stress hydrique.

Les principaux enjeux géopolitiques concernent le passage d'une grande partie du trafic maritime mondial qui paie des taxes en empruntant le canal de Suez. Ils englobent aussi les risques d'instabilité le long de la frontière libyenne ainsi que dans le Sinaï. Enfin, la question du débit du Nil, de la qualité de l'eau et de la construction de barrages dans les pays en amont est cruciale.

Un élément très surprenant, quand on se balade dans les villages et les rues du pays, est l'âge très jeune de sa population : 50 % des Égyptiens ont moins de 25 ans.

Pourquoi le Canal de Suez est-il autant militarisé ?

« Le prochain bus pour Port-Saïd part dans une heure, Monsieur.
– Parfait, je vais vous prendre un billet, s'il vous plaît. »
Assis derrière le conducteur, je me laisse emporter loin de la vie grouillante du Caire.

On dit que l'Égypte est un pays de rente. La première source de revenus pour le pays est ce que l'on appelle les remises migratoires. Il s'agit de l'argent envoyé au pays par les personnes expatriées à l'étranger. La deuxième source d'argent est générée, elle, par le canal de Suez. Chaque navire qui emprunte le canal doit payer une taxe au pays. Viennent ensuite le revenu lié au tourisme puis les ventes d'hydrocarbures.
Le pays capitalise donc sur ses rentes : sa diaspora à l'étranger, sa localisation géographique, son histoire et son sous-sol.

La question du canal de Suez revient souvent quand on s'intéresse à la géopolitique, car il fait partie de ces endroits hautement stratégiques par lesquels passent 8 % du commerce maritime mondial.

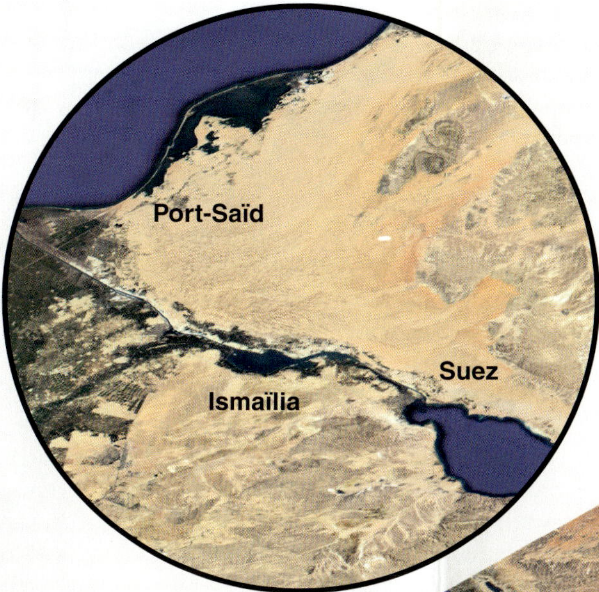

©W. M. Welch - US Navy

©Aashay Baindur

Autrefois, les épices étaient importées d'Inde jusqu'en Europe par bateau, mais les marins se trouvaient face à un souci logistique. Il fallait traverser les 125 kilomètres de terre qui séparent la mer Rouge de la Méditerranée par voie terrestre. Et, bien évidemment, le Sultan avait imposé des taxes de commerce et de transport.
C'est le navigateur Vasco de Gama qui ouvrit une nouvelle route maritime en contournant l'Afrique, ce qui coûtait moins cher que le passage par l'Égypte avec le transfert par voie terrestre. Il faut attendre 1859 pour qu'un canal soit percé, sous la direction du diplomate retraité français Ferdinand de Lesseps. Les travaux ont pris dix ans. Et la taxe de commerce et de transport appliquée à l'époque est toujours en vigueur aujourd'hui.

L'une des embouchures du canal se situe à Port-Saïd. Malgré quelques recherches sur le sujet, j'avoue y aller un peu la fleur au fusil. La ville contient de nombreux vestiges coloniaux. Je trouve un hôtel, y dépose mes bagages, puis commence une première approche en direction du Canal sans me douter à ce moment-là que je me confronterai à quelques difficultés.
La principale est qu'il est interdit de filmer ou de photographier le canal ainsi que les infrastructures qui l'entourent. Je l'ai appris à mes dépens. Alors que j'approche timidement avec ma caméra, je me fais enguirlander par des pêcheurs qui m'expliquent dans un anglais approximatif que des caméras filment tout et que la police peut me poser de graves ennuis. Je prends la menace au sérieux et m'excuse auprès d'eux. Sans me faire prier, je plie bagage.
Je marche jusqu'à la plage, là où la mer Méditerranée et le canal se rejoignent. La plage se veut assez touristique avec des transats installés et, effectivement, il y a beaucoup de personnes qui profitent d'une promenade sur le front de mer en fin de journée. La vue donne sur des alentours très industrialisés, composés de grues et de ce qui s'apparente à un chantier naval. Je vois de grandes cuves qui doivent servir au stockage de marchandises. Soudain, un énorme cargo arrive au large et se dirige droit vers la côte.
Je tenterai timidement une seconde approche le lendemain en traversant le canal grâce à un bac, en prétextant que je rejoins l'autre côté de la ville pour le tourisme. Mais je vais vite être stoppé de toute envie de prendre des images : un garde est installé de chaque côté du bac et surveille que personne ne sorte d'appareil photo, ni même de téléphone. Je décide de descendre à l'autre embouchure, située, elle, au sud. Deux heures de bus plus tard, me voilà arrivé à Suez.
Sur toute la route, de grands murs protègent le canal de chaque côté, ce qui fait qu'il n'est pas visible. Impossible de voir son eau, sauf aux villes à chaque extrémité et lors d'une traversée en bac.
À Suez, le même scénario se reproduit. Mais pourquoi une telle protection ?

Le Canal de Suez étant étroitement surveillé, je n'ai pu prendre des images qu'aux embouchures. Il est muré/grillagé et militarisé sur son intégralité.

Arrivée d'un navire à Port-Saïd

En lisant une documentation de Jean-François Fiorina[1] le soir à l'hôtel, je trouve mes réponses.
Le canal a connu « une nationalisation, trois guerres et huit ans de fermeture. [...] Les couloirs maritimes restent toujours des points d'affrontements commercial et militaire même si les intérêts et les acteurs se renouvellent au fil de l'histoire.
Autrefois il s'agissait de la France, du Royaume-Uni ou encore du voisin Israëlien. Mais les tensions politiques, religieuses et militaires qui agitent encore cette région sensible indiquent que son histoire n'est peut-être pas terminée.
Le cas du canal de Suez [...] montre que la géostratégie la plus cynique s'accompagne souvent d'un discours historique, philosophique ou religieux censé la légitimer en profondeur. Des leçons à garder à l'esprit pour les nouveaux passages maritimes qui s'ouvrent en Arctique, les " nouvelles routes de la soie " et autres " colliers de perles " en Mer de Chine ».
En août 2015, le président al-Sissi a inauguré ce qu'il appelle le « nouveau canal de Suez ». Après un an de travaux, le canal a doublé sa capacité de passage. À certains endroits ils ont élargi le canal existant, à d'autres, ils en ont creusé un deuxième en parallèle.

Face à l'impossibilité de documenter quoi que ce soit, je me résigne et mets fin à ce reportage qui ne verra finalement jamais le jour en vidéo. Un peu déçu, mais heureux de m'être confronté à la réalité de cette zone.
Je me réconforte en rejoignant la ville de Dahab. Il s'agit d'un lieu touristique, situé de l'autre côté du Sinaï et réputé pour la plongée. Je m'y rends en bus et face à l'insécurité qui règne dans les montagnes de la péninsule, le conducteur nous a demandé de laisser les rideaux fermés en permanence pendant les dix heures de route.
Je profite de la beauté des côtes et du fond marin de la mer rouge avant de m'envoler en direction des pharaons.

[1] Note d'analyse géopolitique, 7 juin 2018.

Sinaï
et mer Rouge

Au loin, les côtes de l'Arabie saoudite

Bivouac de l'autre côté de la frontière, en Israël

Pour la sécurité des bus et des passagers, les chauffeurs nous ont obligés à fermer les rideaux pendant les 10 heures de trajet.

Voyage le long du Nil

L'agitation dans la rue me sort de mon sommeil. Il est 8 heures du matin et la ville de Louxor est déjà en pleine effervescence. Les villes soumises à de fortes températures en journée ont tendance à se lever tôt pour profiter un maximum de la fraîcheur. Les 36 °C ne vont pas tarder à s'abattre.

Situé à 700 kilomètres de la capitale le long du Nil, Louxor est l'un des piliers du tourisme dans le pays. Et ce n'est pas pour rien. La ville n'est autre que la digne héritière de la cité antique de Thèbes.
Je me dirige vers le temple de Louxor, une des principales activités touristiques de la ville qui enregistre 4 millions de visiteurs par an. De nombreuses statues et bâtiments composent le site. Un obélisque me cache du soleil. En l'observant de plus près, il me dit étrangement quelque chose… Je suis passé de nombreuses fois devant son jumeau sans vraiment y prêter plus d'importance que ça : un des obélisques du site a été donné à la France en 1831 et se trouve aujourd'hui place de la Concorde, à Paris. Je me disais bien qu'il m'était familier !
Des jeunes nagent dans le Nil non loin de là, ils me demandent de les filmer pendant qu'ils effectuent des plongeons depuis le haut d'un palmier qu'ils ont habilement escaladé.

Tout comme pour la France, l'Égypte est un pays qui capitalise sur son histoire. Mais une différence subsiste. Le développement de la France lui permet une plus confortable stabilité car, même si les revenus générés par ce secteur économique sont très élevés, cela ne représente que 7,3 % du PIB de l'Hexagone.

Dans le cas de l'Égypte, celui-ci pesait 11,9 % du PIB en 2018 contre 16,5 % en 2016.
Le tourisme peut se révéler malheureusement dangereux quand un pays compte trop sur lui pour générer des revenus, car il s'agit d'un secteur très volatil face à l'insécurité.
Dans la tête d'un voyageur, les destinations sont facilement substituables les unes aux autres. Si la situation se complique en Égypte, « ce n'est pas grave, se dit le voyageur, je pourrai aller au Maroc, en Tunisie ou bien en Grèce à la place », privant alors le pays d'importantes rentrées de capitaux. Chaque attentat ou scène de violence peut se solder par une diminution drastique du nombre de visiteurs par la suite.
Il fut une époque en Égypte où les déplacements de cars le long de la vallée du Nil n'étaient autorisés qu'en étant escortés par des militaires. La France a connu un phénomène similaire après les attentats de 2015, où elle a enregistré une baisse de 2 % de la fréquentation touristique.

Coincée entre le Sinaï et la Libye, qui sont en proie tous les deux actuellement à des troubles politiques, l'idée de stabilité que se font les touristes de la vallée du Nil peut voler en éclats au moindre trouble et fragiliser tout un pan de l'économie. En mai 2019, une bombe a explosé au passage d'un bus touristique au pied des pyramides de Gizeh, ne faisant miraculeusement que des blessés. L'attentat n'a pas été revendiqué. Malheureusement le même incident s'était produit quelques mois auparavant au même endroit, en décembre 2018, faisant cette fois-ci quatre morts…
D'autres tragédies du même style ont été observées dans certaines localités touristiques le long de la côte du Sinaï.

Je m'échappe de la vallée en partant à 90° en direction du désert. Une fois en hauteur, je me retourne et je suis fasciné par la géographie de la vallée du Nil qui serpente devant moi. Les eaux du Nil forment une zone fertile d'environ 10 kilomètres en largeur, bloquée de chaque côté par le désert Arabique à l'est et par le désert Libyque à l'ouest. Le Nil n'est rien d'autre qu'un long couloir qui suit les méandres du fleuve au milieu de grands déserts.

En retournant au niveau du fleuve, je passe devant des felouques. Un groupe de voyageurs à son bord profite de la fin de journée. Difficile d'imaginer l'Égypte sans ce fleuve, autour duquel toute son histoire s'est construite.
Le delta et la vallée du Nil sont au cœur de l'unité et de l'identité nationale.
Pourtant, dans la capitale, les niveaux de pollution du Nil sont inquiétants et, en périphérie, les canaux sont des dépotoirs, alors même qu'ils servent à arroser les champs. En outre, les projets d'aménagement des pays en amont, Éthiopie en tête, vont réduire les ressources en eau assurées à 70 % par le Nil.

Géographie du Nil

© Fanny Schertzer

Le Nil Bleu et le Nil blanc
se rejoignent au Soudan
pour continuer leur route
jusqu'à l'Egypte, avant de
se jeter dans la Méditerranée

© Bernard Dupont

© Marc Ryckaert

Si l'on prend en compte toutes les ressources en eau, à savoir le Nil ajouté aux eaux pluviales, aux nappes phréatiques et à l'eau dessalée, le pays disposait en 1959 d'une disponibilité de 2 000 m^3 par an et par habitant. En 2018, elle est tombée à 570 m^3 par an et par habitant. En 2050, on estime qu'il n'y aura plus que 370 m^3.
Et on estime que 61 % de l'eau consommée dans le pays sert à l'agriculture.
À force d'avoir associé l'Égypte au Nil, on en oublie que le fleuve passe d'abord par le Soudan, l'Éthiopie, le Soudan du Sud, le Kenya, l'Ouganda, le Rwanda, le Burundi, la République démocratique du Congo et la Tanzanie, si l'on compte tous les affluents du fleuve. Les deux branches principales du Nil se réunissent, elles, à Khartoum, au Soudan.

Ma visiste de Louxor touchant à sa fin, je prends un train qui me conduit jusqu'à Assouan, à quelque 300 kilomètres au sud. Le Nil traverse la ville mais, en remontant un peu plus au sud, je fais face à un mur.
Au-dessus de la ville, un gigantesque barrage retient le lac Nasser. Alors que les crues du fleuve ont modelé le paysage des rives du Nil au cours de l'histoire, apportant nutriments et minéraux aux sols, elles devenaient de plus en plus gênantes à mesure que la population s'installait le long de ces rives. Les Égyptiens ont donc cherché à les contrôler afin d'éviter sécheresses et inondations tout en créant de l'électricité. Il s'agit du plus grand lac artificiel créé par l'homme au monde.
Mon avion décolle demain mais, si j'avais eu le temps, j'aurais aimé descendre jusqu'à la frontière soudanaise. Le mercure grimpe encore, jusqu'à dépasser les 43 °C. Je tourne au ralenti, chaque déplacement devient une épreuve et les nuits sont tout aussi difficiles.

Enroulé dans une serviette dans un hôtel sans ventilateur, ni climatisation, je me réveille toutes les deux heures pour la mouiller et me recoucher. Un bon souvenir de Nubie qui ne m'empêchera pas d'y retourner si l'occasion se présente de nouveau.

Du fourmillement
de la capitale...

... aux rivages paisibles du Sud

Sur une île où il y a plus d'ours polaires que d'habitants ? Bienvenue au Svalbard !

Les pieds de Théo me touchent le bras alors qu'il se retourne en plein dans son sommeil. J'ouvre les yeux. Le plafond de l'aéroport d'Oslo n'a pas changé. Deux heures après nous être endormis à même le sol, il est temps de rejoindre l'embarquement pour notre deuxième vol.

Celui-ci, au départ de la capitale norvégienne, va nous faire arriver à la ville la plus au nord du monde dans quelques heures à peine. Je grappille 50 minutes de sommeil supplémentaires une fois installé à ma place. Et dire que ce grand périple nordique s'est organisé dans un bar sur un coup de tête avec Léo, Théo et Charles, un soir d'automne à Paris…

L'objectif ? Que chacun revienne avec un ou des reportages sur sa thématique. Alors que Théo, de la chaîne Youtube Balade Mentale, veut s'attarder sur la géologie, Léo, de la chaîne Dirty Biology souhaite parler des maladies prisonnières du permafrost et qui menacent de sortir de terre avec le réchauffement. Charles, grand reporter pour le média Brut, prévoit de son côté une vidéo sur l'archipel du Svalbard avec des interviews de chercheurs et de militants Greenpeace, tandis que, pour ma part, je suis venu répondre à la question : « Pourquoi l'Arctique est une zone stratégique d'un point de vue géopolitique ? » Nous partons tous avec des questions en tête et souhaitons en revenir avec des réponses… et des images.

Les trois heures de sommeil ne suffisent pas, je replonge. Mon réveil sonne une heure avant notre arrivée, comme prévu. En relevant la tête, je vois Théo qui regarde à travers le hublot : « On vole au-dessus d'une grosse couche de nuage depuis le décollage, impossible de voir quoi que ce soit. » Dommage, nous nous étions placés exprès de ce côté-là de l'avion en prévision de l'arrivée, car nous voulions à tout prix voir ce territoire gelé depuis le ciel.
Les minutes passent et nous commençons à nous faire à l'idée que nous allons atterrir dans le blizzard sans avoir pu voir l'archipel depuis là-haut. Soudain, le voile se dissipe peu à peu et nous apercevons à présent l'océan glacial Arctique ! Le bleu profond nous rappelle que l'on a passé le cercle polaire depuis un bout de temps déjà.
Quelques minutes plus tard, du blanc surgit au milieu du bleu : les côtes de l'archipel, quelle chance ! Nous nous amusons à essayer de distinguer où la glace repose sur des terres émergées et où il s'agit de banquise, glace flottant sur l'eau. Cette dualité de blanc et de bleu pur et profond ne laisse pas indifférente. Dans un milieu aussi difficile, on comprend que l'homme n'y a pas sa place. Comme pour les déserts de sable, il est difficile pour nous de nous représenter des territoires aussi grands et aussi vides à la fois. Quelle immensité !

Un ours polaire empaillé attend les voyageurs dans le hall de l'aéroport. Certaines bêtes décédées de mort naturelle sont conservées dans la ville. « Faut dire qu'elles sont plus nombreuses que les humains sur cette île », rappelle Théo.
Le bus longe la côte et dépose peu à peu les quelques voyageurs qui s'arrêtent à leur hôtel. La ville de Longyearbyen étant très en longueur, nous remontons dans les terres et il ne reste plus grand monde à bord. Mon frère Guilhem, qui nous héberge, a été clair : « Nous sommes dans le bâtiment le plus au sud de la ville, tu ne pourras pas le louper, c'est le dernier avant les montagnes. »
Après de chouettes retrouvailles, nous découvrons le bâtiment et les étudiants qui vivent dedans. Quelle chance de pouvoir échanger avec des personnes passionnées qui travaillent sur le climat, les hautes latitudes ou encore la banquise ! Bien qu'ils viennent du monde entier, je recense une majorité d'Européens. Il y règne une ambiance à mi-chemin entre une collocation géante et un centre de recherche polaire… Quel plaisir !
Nous nous équipons pour faire un tour dans le quartier. La fin de journée approche et le soleil descend progressivement dans le ciel. Mais il ne disparaîtra pas ; il continuera sa course légèrement au-dessus de l'horizon et remontera dans le ciel quelques heures plus tard. « Cela prend un jour ou deux pour s'habituer au jour polaire. Cela surprend au début. Vous auriez dû voir quand il faisait nuit 24 heures d'affilée pendant six mois, c'était une autre ambiance. » Nous nous regardons avec Théo, puis nous jetons un œil au loin, le sourire aux lèvres : « Cette ambiance nous ira très bien ! »

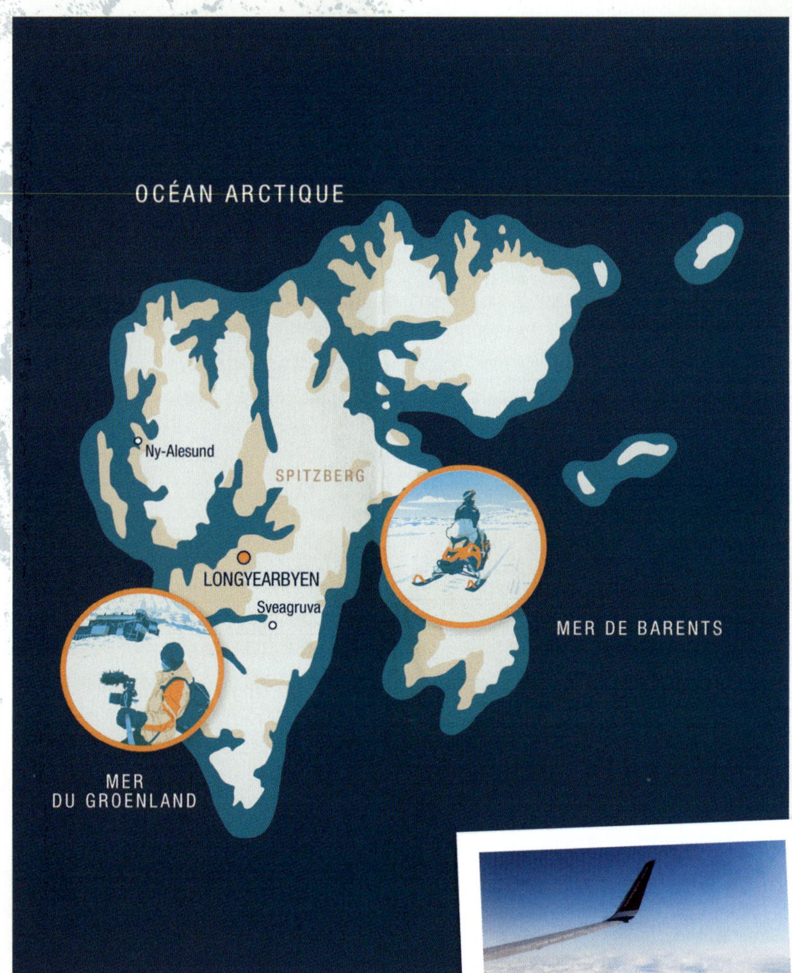
OCÉAN ARCTIQUE
Ny-Alesund
SPITZBERG
LONGYEARBYEN
Sveagruva
MER DE BARENTS
MER
DU GROENLAND

Infos territoire

Le Svalbard est un archipel qui appartient à la Norvège et qui est situé au-dessus du cercle polaire arctique, à 1 300 kilomètres du pôle Nord. Si l'on mettait toutes les terres émergées côte à côte, le territoire serait un peu plus grand que la Croatie ou le Togo. L'île principale de cet archipel est appelée le Spitzberg; c'est sur celle-ci que se trouve la ville de Longyearbyen. On retrouve d'autres hameaux dont Ny-Ålesund, Barentsburg ou encore Sveagruva. Il ne s'agit que de quelques habitations à chaque fois, mais c'est là que vous trouverez les seuls habitants: avec une densité de 0,04 habitant au kilomètre carré, vous n'avez pas intérêt à vous perdre!

Niveau faune, les sympathiques rennes accompagneront vos sorties de la ville, mais interdiction de les toucher, ils véhiculent de nombreux virus et maladies! Des renards arctiques peuvent guetter votre passage au loin, se confondant avec le décor: gris en été et blanc en hiver. Les bécasseaux violets font partie des rares oiseaux à virevolter au-dessus de l'archipel, tandis que l'ours blanc, grand roi, est ici chez lui. Il se déplace souvent le long des rivages car c'est là, sur la banquise, que vit son repas favori: les phoques!
Les estimations indiquent que près de 3000 ours polaires vivraient dans la région, dont un millier sur le territoire norvégien du Svalbard. Vivre si proche de leur habitat naturel implique forcément des consignes de sécurité, notamment lorsque vous quittez la ville. Les conteneurs à poubelles municipaux sont étudiés pour ne pas attirer les animaux, tandis qu'il est obligatoire de quitter la ville munie d'un fusil et, si possible, d'un *flare gun* (un pistolet de détresse). Ces règles permettent une fragile cohabitation: en 50 ans, il y a eu six attaques mortelles contre un à deux ours en moyenne tués par l'homme chaque année sur l'archipel.
Mais cet équilibre est perturbé par deux phénomènes. Le dérèglement climatique d'une part: avec le recul de la banquise, le territoire de chasse des ours se réduit, les contraignant parfois à chercher à manger près des villes. Le développement du tourisme d'autre part: on estime qu'un tiers des emplois de l'archipel est lié à ce secteur économique.

Le Svalbard a connu trois grandes périodes d'activité.
Aux XVIIe, XVIIIe et XIXe siècles, le territoire et ses eaux environnantes étaient très prisées pour la chasse à la baleine, avant que les trappeurs ne viennent pour les peaux des ours blancs et des renards.
Du XIXe au XXe siècle, le sol fut creusé à de nombreux endroits afin d'en extraire le charbon qui sommeillait dans ses entrailles. L'exploitation de mines fut alors l'activité principale.
Aujourd'hui, c'est le tourisme et la recherche scientifique qui se sont peu à peu imposés.

Pourquoi le monde s'intéresse de plus en plus à l'Arctique ?

Nos skis de randonnée glissent sur la neige. Les peaux de phoque situées sous les lames nous permettent de monter sans craindre de glisser en arrière. En pleine difficulté, Théo nous hurle : « À la base, je suis Réunionnais, moi les gars, je n'ai fait du ski qu'une fois, quand j'avais 9 ans ! » Nos rires résonnent le long du relief.

Nous arrivons sur un des derniers ressauts. Guilhem pointe du doigt la crête à gauche de la montagne. « Encore 20 minutes et nous devrions arriver au sommet du Trollsteinen. Vous verrez, la vue est folle depuis là-haut. »

Entre le ciel, la neige, les reflets de la mer et le soleil, nous sommes baignés d'éclats de bleu et de blanc. Seuls les rochers viennent obscurcir par endroits le paysage. Il n'y a pas un arbre sur tout l'archipel, nous sommes bien trop au nord pour cela.

« C'est lunaire », je songe à voix haute pendant que nous gravissons les derniers mètres qui nous séparent du point de vue. « Et magnifique ! Nous sommes vraiment au cœur d'un désert gelé. » Le point de vue nous offre un panorama sur le relief environnant et sur la baie de Longyearbyen.

En tête du groupe, Guilhem guette aux jumelles pour vérifier que nous sommes bien seuls. « Les ours ne s'aventurent que rarement dans les montagnes, ils restent souvent le long du rivage mais, dans le doute, nous appliquons les consignes. »

Il se dit que l'ours polaire est le plus grand prédateur terrestre. Il peut sentir une femelle à 150 kilomètres et quand il sort de plusieurs mois d'hibernation, il est affamé. Justement, à cette époque de l'année, il en sort tout juste.

Après avoir dû chasser des mammouths pour survivre, l'homme s'est établi au cours de l'histoire sur Terre en conquérant des territoires. Nous sommes devenus le principal prédateur sur cette planète. Si bien qu'aujourd'hui, nous en avons oublié le privilège.
Dans ma vie de reporter, j'ai eu quelques rares occasions de m'en rendre compte. En jungle tropicale profonde ou bien sur le territoire gelé du Svalbard, nous redevenons une proie. Cela fait du bien pour notre ego d'être humain de nous rappeler que nous faisons partie d'un tout et qu'il y a des territoires auxquels nous n'appartenons pas.

J'installe le drone devant moi. À peine sorti de ma poche et connecté à la télécommande, mon téléphone s'éteint à cause du froid. Il va falloir faire à l'œil. Les rotors soufflent des flocons, tandis que le drone s'élève dans le ciel froid et sec. Il est temps de prendre de la hauteur sur la région dans laquelle nous nous trouvons. Heureusement, j'ai eu l'occasion de rencontrer Alexandre Taithe avant le départ. Il est chargé de recherche à la Fondation pour la recherche stratégique (FRS).

« Le pôle Nord et le pôle Sud sont doublement opposés. Ils le sont tout d'abord, car ils se trouvent géographiquement de chaque côté de la planète mais, même au niveau de leur topographie, ils sont inversés. L'Antarctique est un continent extrêmement grand, composé de terres émergées entourées d'océans. À l'inverse, le pôle Nord est un océan, l'océan glacial Arctique, bordé de territoires souverains.
Donc, au pôle Nord, nous sommes vraiment à l'opposé de l'Antarctique, et c'est essentiel, car cela signifie que les solutions que l'on pourra trouver dans le futur pour cette région ne seront pas forcément applicables en Antarctique. Par exemple, la coopération scientifique entre des États rivaux qui a été lancée pendant la guerre froide.
L'océan glacial Arctique couvre 14 millions de kilomètres carrés, soit une zone cinq fois plus grande que la Méditerranée ! Mais ce que l'on appelle Arctique est encore plus grand, car il s'agit de prendre tous les territoires situés au-dessus du cercle polaire, soit 21 millions de kilomètres carrés. »

Pour avoir réalisé le tour de la mer Méditerranée en neuf mois en 2015, je dois avouer que j'observe une grande similitude entre l'océan glacial Arctique et la Méditerranée. Outre la différence de taille, il s'agit dans les deux cas d'une grande cuvette d'eau entourée de terres émergées et presque fermée, sauf à quelques endroits spécifiques : détroit de Gibraltar, canal de Suez et détroit des Dardanelles pour la Méditerranée ; détroit de Fram et détroit de Béring pour l'Arctique.

« En Arctique, nous sommes donc vraiment face à un territoire immense, extrêmement peu peuplé – environ 4 millions de personnes, soit deux fois la population de Paris – et dont la moitié vit sur le littoral russe. Parmi ces 4 millions de personnes, seules 450 000 sont issues des populations autochtones de la région. Le reste est composé de populations russes ou occidentales qui s'y sont installées depuis des dizaines d'années et qui vivent à présent dans ces territoires septentrionaux.
L'océan glacial Arctique est bordé par cinq États dont celui qui a le plus grand littoral est évidemment la Russie. C'est d'ailleurs pour cela que la Russie est incontournable quand on évoque la question de l'Arctique. C'est le pays pour qui le « Grand Nord » présente les enjeux les plus importants et les plus immédiats.
Ensuite, il y a le Canada, un archipel arctique colossal, aux territoires très grands – plusieurs fois la surface de la France – et quasiment désertiques. Dans la partie québécoise, 10 000 habitants seulement occupent un territoire aussi grand que la France. Cela donne une idée des densités.
Ensuite, il y a les États-Unis avec l'Alaska, qui a également un littoral arctique. La Norvège est aussi présente avec l'archipel arctique norvégien du Svalbard.

Enfin, il y a le Groenland, sous souveraineté aménagée danoise.
Il y a donc en Arctique cinq États riverains auxquels s'ajoutent trois États qui possèdent des parties de leur territoire au-delà du cercle polaire que j'ai utilisé tout à l'heure pour définir l'Arctique. Il y a la Finlande, la Suède et l'Islande ; ce dernier a vraiment un tout petit archipel rocheux sur le cercle polaire. Néanmoins, sa position géographique et ses traditions de pêche créent un vrai ancrage polaire. »

La descente du Trollsteinen s'effectue rapidement en ski, grâce à quelques larges virages. Nous sommes loin de la neige des Alpes fraîchement déposée sur le relief ; nous avons ici affaire à un sol croûté. Mais impossible de faire les difficiles lorsqu'on a le privilège de skier en Arctique au détour d'un reportage. Nous nous retrouvons tous pour dîner autour d'un gros plat de pâtes et nous échangeons sur la particularité d'habiter dans de si hautes latitudes. Un mouvement nous interpelle au loin, par la fenêtre : un renard polaire peu farouche s'approche des habitations et passe même au milieu du parking de motoneiges. Il se fait mitrailler de photos sans même se rendre compte qu'il est au centre de nos clichés.

Toutes les projections déforment une partie du globe. Les cartes Mercator, souvent les plus utilisées, écrasent les pôles. Difficile de se rendre compte de leur géographie.

Le lendemain, nous passons la journée en ville, le long du rivage et à l'université. Nous continuons de prendre des images et de nous informer. Dans une salle de classe vide, Guilhem nous présente rapidement le Svalbard, le climat, la topographie et les consignes de sécurité concernant l'usage du fusil et des *flare guns* et les regroupements en cas de présence d'un ours polaire.
En remontant la rue principale, nous passons devant une maison où de grandes fissures, visibles à chaque coin de fenêtre, descendent jusqu'au sol. Théo m'explique : « Le sol se dérobe à cause du permafrost, ce sol qui est normalement gelé en permanence, même en été. Mais sa surface supérieure commence à fondre à cause du dérèglement climatique, donc les fondations sont en train de lâcher. »
Un des impacts directs du réchauffement des pôles.

Deux jours passent à cause de la mauvaise météo. Le beau temps repointe le bout de son nez et, pour continuer de nous rapprocher des sujets qui nous intéressent, nous avons décidé de nous rendre dans la soirée, à 21 heures, dans une grotte de glace. Sous la lumière rasante, nous partons en crampons depuis le bâtiment. « Nous avons environ deux heures de marche, il suffit de remonter le glacier presque jusqu'en haut de la vallée », nous lance Guilhem tandis que nous commençons à faire nos premiers pas.
Deux petites heures plus tard, une entrée d'igloo sur le côté du glacier dénote. « Nous y sommes ! » Avant d'entrer, nous décidons de dîner. Une fois l'en-cas englouti, nous nous glissons à plat ventre dans l'entrée de glace.
L'intérieur de l'igloo, qui pourrait abriter plus de vingt personnes assises, possède en son centre une échelle qui plonge au milieu d'un trou. Une autre échelle en bois guide notre descente 7 à 8 mètres plus bas. Un chemin sinueux et très étroit s'enfonce entre deux parois de glace dans le noir. Nous nous suivons en file pendant plus de vingt minutes, émerveillés. Entre le scintillement provoqué par des cristaux de neige, la glace transparente qui laisse entrevoir du bleu vif et des coulures gelées qui donnent l'impression de cascades pétrifiées, chaque détail mérite d'être observé.

Ce qui est à la fois passionnant sur certains plans mais dramatique sur d'autres, c'est que la fonte des glaces est précisément au cœur des enjeux géopolitiques de la région. Il y a eu un intérêt pour la zone arctique d'un point de vue géopolitique à partir du moment où l'on a compris que la banquise fondait de manière très rapide, ce qui pouvait laisser supposer que son accès serait facilité.
La superficie de la banquise a été divisée en moyenne par deux depuis les années 1970, et le volume de la banquise (l'épaisseur de glace) par au moins trois. Mais comment de la glace qui fond en Arctique peut-elle avoir autant d'incidences sur le reste du monde ?

Pour 3 raisons.

1 La fonte des glaces et du permafrost permet à certains pays d'aller exploiter des ressources sur leur territoire dont ils n'avaient jamais vraiment tiré profit, à cause du climat extrême et du manque d'investissements. La Russie, principale concernée, a mis en marche une véritable dynamique de fond pour développer le nord du territoire. Ce développement est pensé sur le long terme.

2 La fonte des calottes polaires du Groenland et de l'Antarctique élève le niveau des mers. Cette conséquence de très grande envergure provoque, et continuera de provoquer, de l'érosion et des déplacements de populations dans le futur. La fonte de la banquise, bien que dramatique, n'impacte que très peu la montée des eaux, il s'agit principalement des couches de glace présentes sur les terres du Groenland et du pôle Sud. Cette incidence-là est très perverse, car elle touchera la population mondiale dans son ensemble, en commençant par ceux qui vivent le long des côtes.

3 L'ouverture progressive d'une nouvelle route commerciale, le passage du Nord-Est, vient concurrencer les routes maritimes traditionnelles. Aujourd'hui, 80 % des marchandises transportées sur notre planète sont véhiculées par voie maritime. C'est juste titanesque.

Pour relier les trois principaux pôles de production et de consommation, les navires empruntent généralement deux routes. La principale relie l'Asie à l'Europe en passant par l'océan Indien et la Méditerranée via le canal de Suez et le détroit de Gibraltar. L'autre voie consiste à passer de l'Asie jusqu'à l'Amérique du Nord via le Pacifique, avant de rejoindre l'Europe en passant par le canal de Panama.

Le bâtiment dans lequel nous avons passé ces 10 jours.

J'ai volontairement simplifié le trait sur la carte ci-contre, il existe bien évidemment plein d'autres routes secondaires.
Ce qui est passionnant, c'est que l'archipel sur lequel je me trouve actuellement a été découvert par hasard en 1596 par l'explorateur hollandais Willem Barentsz, alors qu'il cherchait le fameux passage du Nord-Est.

Pour choisir quelle route emprunter, les armateurs de navire réfléchissent de la même manière que pour un trajet en camion.
Premièrement, la distance. Elle va donner d'emblée une idée du temps de transport et du coût en carburant et en personnel. La première route qui passe par Suez et Gibraltar mesure 21 200 kilomètres, tandis que la deuxième, qui traverse le Panama, est longue elle de 23 300 kilomètres.
Mais ce n'est pas le seul critère retenu, le prix du péage est déterminant lui aussi. En empruntant les canaux, des taxes de passage s'appliquent pour les navires. Aussi, tout comme les camions doivent respecter certaines hauteurs à cause des ponts et des tunnels sur certaines routes, les navires doivent parfois respecter une certaine profondeur – ce qu'on appelle le tirant d'eau. Cela ajoute des difficultés logistiques.
Enfin, le prix des assurances peut fluctuer. Tout comme un camion peut se faire voler sa marchandise sur le parking d'une aire d'autoroute ou bien s'abîmer en cas d'accrochage, des navires sont parfois pris d'assaut par des pirates aux abords des détroits de Malacca et de Bab-el-Mandeb, lorsqu'ils convergent vers l'étroit passage.

Ce sont toutes ces composantes qui influencent le choix des routes maritimes.
La fonte de la banquise, malgré le fait que ce soit un désastre d'un point de vue écologique, peut se retrouver à servir les intérêts de certains pays, en rendant possible le passage de navires par une route polaire que l'on surnomme parfois la route du Nord.
De 21 200 kilomètres (la route la moins longue jusqu'à présent), on passe alors à 14 100 kilomètres ! Il n'y a pas de piraterie, pas de problématique de tirant d'eau, le temps d'acheminement est réduit et les coûts liés au personnel et au carburant diminuent eux aussi. La route n'est accessible que l'été, mais des brise-glaces peuvent allonger la période de passage des navires. Les frais d'assurances restent élevés toutefois, liés aux conditions météo extrêmes. La question des droits de péage reste à trancher.
Sur le long terme, cette route pourrait concurrencer les routes traditionnelles, malgré le fait qu'aujourd'hui, elle soit encore très peu empruntée. Elle l'était déjà pendant la guerre froide.
Côté canadien, une autre route – de 15 900 kilomètres –, que l'on appelle le passage du Nord-Ouest, est possible, mais elle est beaucoup moins praticable pour le moment, car des courants referment la banquise.

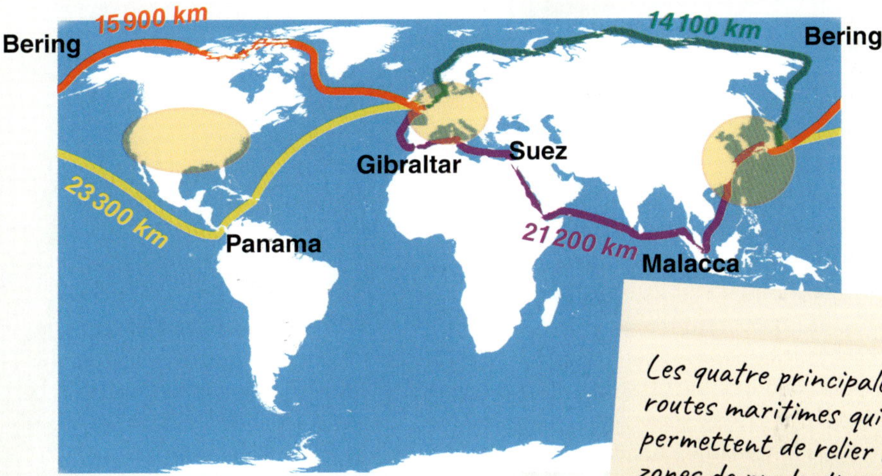

Les quatre principales routes maritimes qui permettent de relier les zones de production et de consommation majeures. Parmi elles, deux routes polaires.

Ces deux routes sont encore très peu fréquentées, mais pourraient à l'avenir concurrencer les routes traditionnelles.

De retour de notre sortie, nous filons nous coucher. Difficile de garder un rythme quand on cherche autant à profiter des nuits ensoleillées.

Avant de quitter l'archipel pour rentrer en France, nous décidons de profiter de notre dernière nuit pour vivre un moment unique : marcher sur la banquise. Simplement pour cela, il nous faut traverser le Spitzberg d'est en ouest en motoneige car les courants marins sur la côte ouest ne permettent pas à la banquise de tenir.
Nous filons louer des motoneiges pour 24 heures et nous voilà fin prêts. Il est 19 heures, nous sommes deux par motoneige avec un stock d'eau, de nourriture et de carburant fixé à l'arrière. Guilhem et d'autres personnes résidant sur l'île nous accompagnent, ils seront nos guides pour la nuit blanche la plus inoubliable de ma vie. Conduire de 19 heures à 10 heures le lendemain matin fait que l'on s'attend à ne croiser personne sur la route. Pas une âme humaine, juste nous et quelques habitants du coin : des rennes et de rares oiseaux.
Malgré notre vitesse élevée, les paysages défilent lentement. Tout est grand, tout est vide, on se sent littéralement écrasé par les éléments. Je n'avais jamais éprouvé cette sensation d'immensité et de vide en même temps.
L'être humain n'appartient définitivement pas à ce milieu polaire.

Nous aurions apprécié, sur le moment assouvir notre curiosité, en croisant la route d'un ours au loin le long d'un rivage, mais nous avons été absolument seuls pendant toute la nuit, éclairés par le soleil qui nous tournait autour.
Ce n'est pas plus mal de savoir que nous n'avons dérangé personne ce soir-là.
À 5 heures du matin, nous arrivons face à la mer de l'autre côté de l'île. Impossible de la voir à l'œil nu, pourtant, la carte est formelle : nous sommes dessus. La couche de glace qui la recouvre marque la fin de cette expédition nocturne. J'aurais aimé qu'elle dure encore des heures, mais l'intensité de ces moments si uniques tient aussi au fait qu'ils ne sont que temporaires.

(charbon, terres rares), que des ressources minérales (pétrole, gaz), et même des ressources vivantes (halieutiques, bois, immatérielles – cultures des populations qui peuvent permettre de développer le tourisme).
En Arctique, on construit des mines depuis la moitié du XIXe siècle, ce n'est pas quelque chose de nouveau, et à l'époque, on exploitait principalement du charbon et de l'or. Le charbon, vous le trouviez en Russie, en Scandinavie, sur l'archipel du Svalbard. Tandis que l'or, vous le trouviez plus dans le Yukon canadien ou dans l'Alaska. Mais il y a de l'or partout ! Il y en a au Groenland, de même que des diamants et des rubis, idem dans le Nord-Ouest canadien.
On a évoqué des terres rares, mais vous avez aussi de l'uranium, qui est souvent imbriqué avec les terres rares et qui se trouvent, là encore, en Russie, au Groenland et au Canada. Donc vous avez beaucoup de ressources différentes.
Deux autres ressources sont assez intéressantes aussi : le fer et… le sable ! C'est peut-être un peu prospectif, mais les Groenlandais sont déjà en train de réfléchir à la question de comment exploiter le sable pour en fournir à la Chine, aux États-Unis, à l'Europe et à d'autres. »

Les murs scintillent, ils sont par endroits recouverts de paillettes de glace. Toujours à l'étage le plus en haut de la montagne, j'arrive dans la galerie principale de la mine. Il s'agit d'un boyau entouré de planches en bois. Je n'y subis plus le blizzard qui fouettait le visage, mais il continue d'y faire très froid et sec. Je passe à côté de piliers composés de poutres en bois complètement recouvertes de glace, sculptée d'un côté par un courant d'air. Je suis content d'avoir des crampons aux pieds.
Le lieu rappelle tantôt un vieux western poussiéreux, tantôt un film d'aventures dans une contrée de Sibérie. Certains couloirs plongés dans le noir frôlent le film d'horreur. Mais voilà que certaines touches de poésie m'extirpent de mes pensées.
Des rayons de lumière percent au travers des planches, dessinant de longs faisceaux lumineux qui s'estompent peu à peu dans l'ombre. Le vent soufflant de toutes ses forces, il projette en rafale des flocons qui tourbillonnent dans le couloir en passant par les interstices de l'infrastructure.

Je découvre une pièce beaucoup plus claire, avec des fenêtres et des bancs en bois. Il devait s'agir d'une salle de repos pour les mineurs. Je m'assois et observe le vent forcer contre les tôles qui produisent un léger couinement métallique. Le téléphone toujours en main, je continue l'enregistrement.
« Le débat sur les ressources en Arctique a été complètement monopolisé par le pétrole et le gaz. Et c'est normal, car il y a beaucoup de ressources. En gros, selon une étude de 2008, l'Arctique recèlerait des ressources en pétrole et en gaz qui seraient équivalentes à presque deux fois les réserves de l'Arabie saoudite. Et ça, c'est une réalité qui a phagocyté le débat, parce qu'il n'y a aucune véracité dans ces chiffres-là: ce n'est pas parce qu'il y a des ressources qu'elles sont toutes exploitables.
Mais à cause de cela, il y a un autre point qui n'est jamais abordé: ce sont tous les gisements d'énergies renouvelables. Et ça, c'est une chose que les Chinois, les Norvégiens, les Islandais, les Suédois, les Finlandais et même les Russes ont bien compris et ils ont décidé de les mettre sur la table. Ils se sont dit que le pétrole et le gaz allaient durer encore entre 30 à 70 ans, mais à très long terme, le vrai potentiel de l'Arctique, c'est son potentiel en termes d'hydrogène vert, d'éolien, et puis même de solaire. N'oubliez pas que, dans certaines zones de l'Arctique, il y a six mois de nuit et six mois de jour permanent, ce qui offre la possibilité pendant ces 6 mois de jour de réduire les problèmes d'intermittence des ressources solaires.
Typiquement, la Norvège et l'Islande sont déjà impliqués sur ces problématiques. En Islande, vous avez la géothermie; quasiment 99 % de l'électricité dans le pays provient d'énergies renouvelables! Idem pour la Norvège: 97 % d'électricité est produite par les énergies renouvelables, tandis que cela atteint 70 % au Groënland. »

Après avoir fini de visiter les galeries, je cherche le chemin qui permet de descendre aux étages inférieurs. J'espère qu'il n'est pas obstrué. Au détour d'un recoin, mes yeux s'écarquillent : l'escalier est là ! Les planches l'entourant n'étant pas très hermétiques, les marches sont recouvertes d'au moins un mètre de poudreuse fraîche. Bien que tenté par l'idée d'y aller comme sur une luge, j'ai opté pour la descente sécurisée, une marche après l'autre.
L'étage juste en dessous est moins intéressant à visiter car, il ne se compose que d'une grande salle encore toute noircie et poussiéreuse. Elle est reliée à l'étage supérieur par une large rampe en métal sur laquelle était jetée la roche extraite, tel un toboggan. Je continue ma descente et réussis à rejoindre le niveau le plus bas de la mine. Je trouve à nouveau des bouts de charbon par terre, difficile d'imaginer qu'ils ont été arrachés des entrailles de la Terre il y a plus de cinquante ans. Cette grande pièce toute en longueur est la mieux conservée. Des wagonnets suspendus en l'air sont les seuls témoins du système qui permettait de descendre ces précieux morceaux noircis au port de Longyearbyen.

Je profite du fait qu'il y fait moins froid pour manger un morceau. Le téléphone posé sur une petite table en bois, j'écoute la dernière partie de l'enregistrement de Mikaa qui répond au fait de savoir si ces ressources peuvent devenir sources de tension dans la région.

Charbon

« Alors, c'est difficile à dire, car cela dépend de la ressource en question et de quel Arctique on parle. Le sujet, c'est de dépasser cette idée que l'Arctique est une région homogène.
Vous avez huit pays dans la zone arctique et chacun a son propre territoire, sa propre législation (terrestre et maritime). Aujourd'hui, il y a très peu de contestations sur les différents territoires.
Dans l'océan Arctique central, il y a quelques légères tensions, parce que la Russie, le Canada et le Danemark veulent tenter d'augmenter les droits souverains de leur territoire maritime pour exploiter potentiellement le fond marin. Mais derrière cet intérêt économique, il y a surtout un intérêt symbolique : celui de pouvoir revendiquer le pôle Nord.
Mais même dans ce cas, il n'y a que très peu d'enjeux liés véritablement aux ressources, car en Arctique, la nature a peut-être bien fait les choses finalement. Environ 95 % des ressources énergétiques pétrogazières estimées (gaz et pétrole) se trouvent déjà dans les territoires des pays riverains. Donc elles ne font pas l'objet de contestations.
Ce qui peut faire débat, en revanche, ce sont des facteurs extérieurs à l'Arctique. Par exemple, tout le monde a connu les sanctions américaines et européennes vis-à-vis de la Russie. Ces sanctions ne sont pas nées d'un conflit en Arctique, elles sont nées du conflit en Ukraine et de l'annexion de la Crimée par la Russie. Ce que tout le monde ne sait peut-être pas, c'est que ça a eu un impact en Arctique alors que la Russie voulait développer fortement son espace Arctique pour le pétrole et le gaz principalement. Ils avaient besoin de technologies, dont certaines étaient européennes et américaines. Avec les sanctions, les Russes n'y avaient plus accès. Donc il a fallu qu'ils trouvent des solutions. Si bien qu'ils ont développé leur propre technologie ou sont passés par les Chinois.
Voilà comment des tensions qui sont exogènes, extérieures à la région, finissent par s'appliquer en Arctique. »

C'est sur cet enregistrement vocal de Mikaa que je finis d'explorer les recoins du dernier étage de la mine. Après avoir couvert les lieux de clichés et de plans vidéo pour immortaliser cette visite, il est temps pour moi de laisser ce géant de rouille accroché à la montagne pour permettre au temps de continuer sa lente course.

Ce n'est qu'en redescendant dans la vallée et en apercevant la ville de Longyearbyen que mes pensées sont arrachées du passé pour revenir au présent. La magie de ces moments n'a pas d'égal : alors qu'il ne s'est écoulé que trois heures, j'ai l'impression de redébarquer sur Terre quelques années plus tard.

À bord du porte-avions Charles de Gaulle en Méditerranée

Il est 15 heures. Un militaire pose une combinaison orange étanche sur un banc devant moi. « Tu seras content de la porter si jamais l'hélicoptère est contraint d'amerrir », me lance-t-il avec un regard rieur. Nous sommes à l'intérieur d'un petit bâtiment au sein de la base aéronavale d'Hyères et je m'apprête à rejoindre un géant d'acier en mer. Pas n'importe lequel. Le seul en France qui a la technologie pour propulser des avions de chasse et les récupérer en totale autonomie en pleine mer : le Charles de Gaulle.
Une fois la combinaison enfilée, les scratchs serrés et les fermetures Éclair zippées, le militaire me mime une position pour chasser l'air à l'intérieur. En tirant le silicone au niveau du cou, je m'accroupis et resserre les bras contre mon corps, avant de finalement lâcher le silicone qui vient de nouveau se plaquer contre ma peau. Plus aucun filet d'air ne peut s'y engouffrer, me voilà sous vide. Impossible de respirer au travers, il ne va pas tarder à y faire très chaud.

Un bruit de rotor se fait entendre dans le ciel : notre taxi est en approche. Le rotor souffle un air chaud au-dessus de nos têtes. L'opérateur treuilliste me

hurle les consignes de sécurité : « En cas d'amerrissage ou d'accident en mer, tu te tiens à la barre sous ton siège pour toujours garder un repère au cas où l'hélico se retourne et commence à couler… » Je souris, surpris de cette éventualité qui ne m'était pas du tout venue à l'idée. Face au sérieux des consignes, je poursuis l'écoute, concentré. « Sur la porte, tu trouves un joint en caoutchouc qui permet de faire sauter la vitre. Accroche-toi bien car, si on en arrive au point de devoir créer une sortie, l'eau va s'engouffrer à grande vitesse dans l'habitacle ! Et surtout, n'ouvre pas ton gilet de sauvetage avant d'avoir passé la fenêtre. Sinon tu resteras coincé et c'est la mort assurée. »
Heureusement qu'il ne s'agit là que de consignes en cas de situations extrêmes, mon déplacement va s'avérer beaucoup plus tranquille que cette procédure d'urgence. Je m'installe à l'arrière du Dauphin, un modèle d'hélicoptère utilisé par la Marine Nationale pour différentes missions (sauvetage, observation, transport, lutte contre les trafics) et qui possède de larges fenêtres latérales.

Après avoir survolé le littoral et observé au loin des navires de commerce qui se faisaient de plus en plus rares au fur et à mesure que l'hélicoptère nous tirait vers le large, nous voici à présent seuls. Notre présence se fait à peine remarquer, comme une goutte au milieu de l'océan. Entre l'immensité du ciel et celle de la mer, difficile de ne pas prendre conscience des caractéristiques du milieu marin. Confinés dans l'habitacle, nous ne sommes qu'un minuscule bourdonnement au-dessus de ce miroir d'eau qui défile à moins de 100 mètres sous nos sièges. Je passe les quarante minutes suivantes l'œil vissé derrière mon objectif.
Les pilotes se mettent de nouveau à s'activer en échangeant des signes avec l'opérateur treuilliste. En relevant les yeux, j'aperçois un grand rectangle qui brille au loin. C'est lui ! C'est le Charles !
Alors que j'en prenais plein les yeux pendant que l'hélicoptère dessinait un large cercle autour du navire, porte ouverte, je m'interroge. Le Charles de Gaulle doit être incroyablement impressionnant à quai, entouré d'éléments qui nous rappellent son gigantisme. Mais je dois avouer qu'après avoir aperçu l'étendue infinie du large pendant le trajet, ce géant de métal m'a paru étrangement petit. Le contraste entre les dimensions est saisissant, mais ce n'est finalement qu'une illustration de la difficulté des missions du porte-avions et du groupe aéronaval. La maîtrise des mers n'est pas aisée.
Le Dauphin se stabilise sur le flanc gauche du navire et adapte sa vitesse.
Une fois calé sur le rythme imposé par la propulsion du Charles, il dérive alors légèrement sur la droite en passant à quelques mètres au-dessus d'hommes qui s'activent le long d'une passerelle, avant de descendre progressivement.
Les roues touchent le pont, je quitte l'habitacle sous le vent chaud du rotor. Il est 16 h 04 : le reportage commence.

ALLEMAGNE
FRANCE
SUISSE
ITALIE
Hyères
Toulon
ESPAGNE
MER
MÉDITERRANÉE

Infos territoire

La Terre ne tient pas son surnom de Planète bleue pour rien: les mers et océans recouvrent 70 % de la surface du globe. À force de passer presque 100 % de notre existence sur les terres émergées du globe, nous avons vite fait de l'oublier. Pourtant, 80 % du commerce mondial transite par les mers à bord de gros porte-conteneurs. De même pour nos moyens de communication, dont 90 % dépendent de câbles sous-marins.

La mondialisation et l'intensification du commerce international qui en a découlé ont accru l'importance de certains points stratégiques: les détroits d'Ormuz, de Gibraltar, de Bab-el-Mandeb ou encore de Malacca sont des points chauds de cette grande dynamique mondiale. Il en va de même pour les canaux de Suez et de Panama, ainsi que pour les grands ports qui sont les points de départ et d'arrivée de ces flux maritimes.

Méditerranée orientale, Arctique, mer de Chine orientale… L'importance des enjeux qui se déroulent à la surface des océans et proche du littoral oblige à avoir une présence en mer pour les pays qui ambitionnent de faire partie des grandes puissances de ce monde. Comme le disait le géographe britannique Mackinder: « Qui tient la mer, [...] tient le monde. »

Les États-Unis possèdent la plus grosse zone économique exclusive (ZEE) au monde avec 12, 2 millions de km². Un État côtier peut exercer son autorité dans différents domaines à l'intérieur de cet espace maritime (usage des ressources, protection des espèces et des fonds marins…). La France arrive en 2e position avec plus de 10 millions de km², devant l'Australie (9 millions de km²), la Russie et la Nouvelle-Zélande (respectivement 7,7 et 6,7 millions de km²). La France peut compter en revanche sur le plus grand espace sous-marin.

Mais posséder un grand territoire maritime n'est pas automatiquement synonyme de puissance. Il faut être capable de « tenir le terrain », comme disent les militaires, pour pouvoir y affirmer son autorité. Et pour cela, il faut avoir les moyens de s'y déplacer.

Fonctionnement et vie à bord du porte-avions

6 heures du matin, mon réveil sonne. J'ouvre les rideaux de ma bannette qui m'isolaient du reste de la pièce. Une vague frappe violemment la coque du navire. La paroi métallique gronde. Deux autres personnes sont encore en train de dormir, je sors sur la pointe des pieds en prenant le matos que j'avais préparé la veille. Je finis de m'habiller dans la coursive. On se trouve actuellement tout en bas à l'avant du navire. J'ai rendez-vous au carré des officiers pour prendre un petit déj sur le pouce.

Je monte une première échappée, puis une autre. Je tourne à gauche, prends le long couloir, rentre dans un petit renfoncement, puis monte un nouvel escalier. Ah non, zut, c'est le renfoncement d'après. Ensuite, c'est à droite, puis encore tout droit. C'est un véritable labyrinthe, il me faudra au moins deux jours pour me repérer malgré les plans affichés dans les couloirs. Je croise quelques marins. Tout le monde se dit bonjour à bord. J'en profite pour demander mon chemin. J'avais pourtant l'impression d'avoir tourné à gauche au bon moment. Je retrouve la responsable presse qui m'accompagne à bord.

Nous grimpons une bordée d'escaliers afin d'arriver à la passerelle, la sorte de tour qui surplombe le pont du navire. C'est l'un des seuls endroits où vous trouverez des fenêtres à bord. Je découvre la météo par la même occasion : un grand soleil qui réfléchit sa lumière sur les vagues. Loin, sur la ligne d'horizon, se dessine la silhouette d'un porte-conteneurs chargé à bloc qui fait route vers sa destination.

Le porte-avions fonctionne réellement comme un village. Il vit et fonctionne car les habitants, travaillent tous sur des sujets précis et techniques et dépendent les uns les autres pour pouvoir fonctionner. Tout le monde a besoin de tout le monde, comme sur terre. Ces deux premiers jours vont me permettre d'en faire le tour. Quelle chance ! Un marin qui travaille à bord peut se retrouver à ne vivre que dans quelques parties précises de cette ville géante, selon son activité, le lieu de son hébergement, et celui de son repas. Grâce à ce reportage, j'ai la possibilité de parcourir les différents quartiers en quelques jours. Des cuisines aux ateliers, en passant par la chaufferie, la tour de contrôle et le pont d'envol, on va pouvoir avoir un regard complet sur cette ville flottante.

« Machine avant 30 ! » lance un marin, tandis que l'on franchit la porte de la passerelle de navigation. « Machine avant 30 », répète un autre en effectuant une opération devant lui. Le capitaine de vaisseau Guillaume Pinget est en train de discuter avec des membres d'équipage. Il nous accueille chaleureusement et commence à répondre à mes questions. La caméra tourne.

« Le porte-avions, c'est un bateau hors du commun, dont la mission est de mettre en œuvre de l'aviation de combat. Et pour cela, on s'appuie sur un équipage. Mon rôle est de diriger cet équipage pour remplir la mission de projeter de la puissance aérienne, en mer, sur terre et dans les airs, ou bien de réaliser de la dissuasion.
Pour coordonner ces hommes et ces femmes, il faut arriver à combiner tout un tas de corps de métiers, qui vont du nucléaire à l'aéronautique en passant par tous les services qui sont nécessaires au fonctionnement d'une ville de 2 000 personnes.
Nous disposons d'un hôpital, d'une boulangerie, de cuisines, d'un service qui fait la police à bord, la discipline.
Nous coordonnons toute cette ville, mais le quartz du bateau, c'est la mise en œuvre d'avions de combat. Nous devons être capables de catapulter des avions à la minute près, à la seconde près, et de les ramasser également à la seconde près. »

Après plusieurs autres questions, je l'interroge finalement sur ce qui l'anime le plus dans son travail. « La particularité pour moi, en tant que commandant du porte-avions, c'est de voir l'engagement du personnel. Il s'agit d'une machine qui est trop compliquée pour être maîtrisée par un seul homme. Donc, c'est une échelle d'exercice de mon métier qui dépasse toutes celles que j'ai connues jusqu'à présent. Ma plus grande satisfaction, c'est de voir l'engagement de mes marins : l'action est collective ! C'est tellement compliqué, il y a tant de domaines à couvrir que ça repose sur l'implication à tous les niveaux de chaque marin. Chacun a son rôle pour faire fonctionner ce bateau. C'est quelque chose qui nous dépasse, mais en même temps qui nous fédère, et qui nous rend forts, pour réaliser des tâches très compliquées tous les jours. »

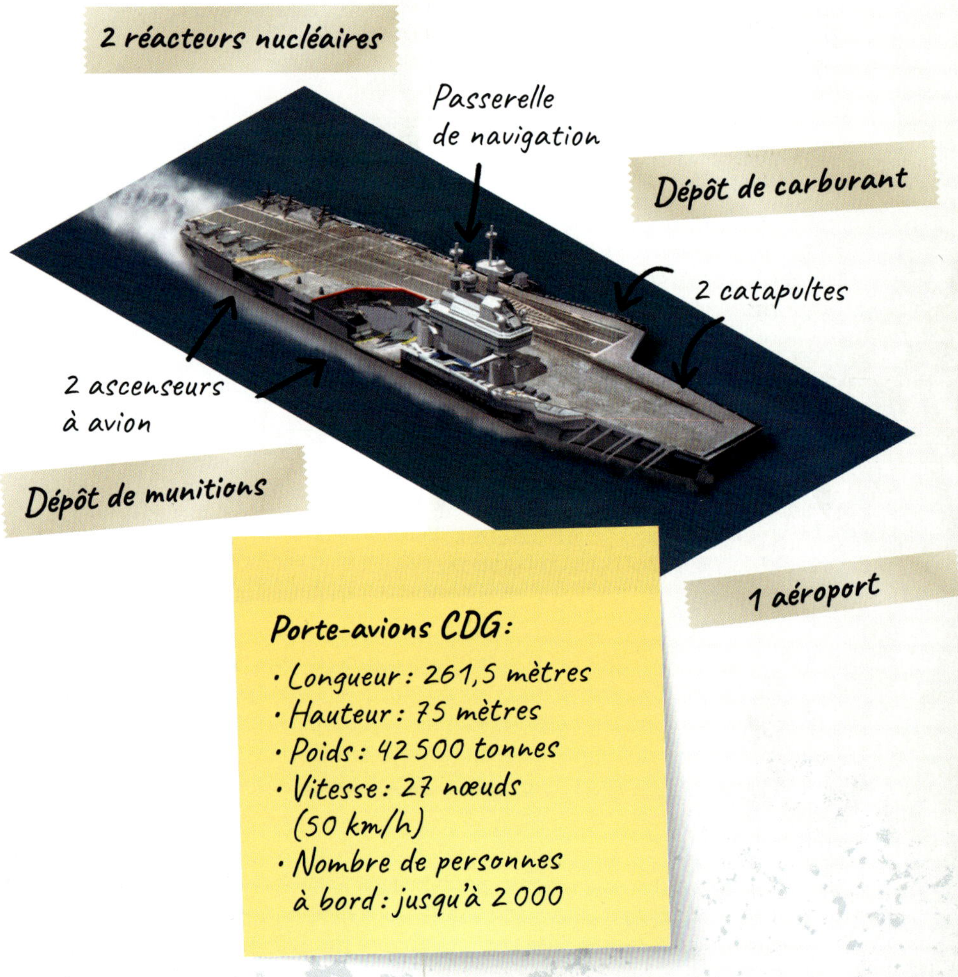

Porte-avions CDG :

- Longueur : 261,5 mètres
- Hauteur : 75 mètres
- Poids : 42 500 tonnes
- Vitesse : 27 nœuds (50 km/h)
- Nombre de personnes à bord : jusqu'à 2 000

Le lieutenant de vaisseau Thomas se trouve lui aussi dans la pièce. Alors que je lui installe un micro, une annonce est faite. Quelques minutes plus tard, des Rafale sont catapultés du navire. Je vois passer la pontée devant les fenêtres de la passerelle de navigation. On attend que le vacarme se termine et je commence à poser mes questions au capitaine, chef du service conduite du navire.

« Le Charles est un bateau vraiment atypique, tout d'abord parce que c'est un très gros bateau : il fait plus de 40 000 tonnes. Ce qui est le double de son bateau juste en dessous dans la Marine. C'est un bâtiment qui a un très fort tirant d'eau, 10 mètres, soit un immeuble de trois étages sous le niveau de la mer. Il s'agit d'un bateau qui doit aller vite, car il faut pouvoir avoir le vent suffisant sur le pont d'envol pour les avions. Il n'est pas simple à manœuvrer parce que, compte tenu de son déplacement, il y a énormément d'inertie. On utilise souvent l'image d'une semi-remorque sur la glace, tellement son inertie est grande. Que ce soit latéralement, longitudinalement ou en giration, ça part en dérapage. Et pour mettre en œuvre notre aviation, nous sommes obligés d'avoir le vent le plus adapté de mise en œuvre, des conditions très exigeantes. Donc nous sommes en permanence en train de chercher les veines de vent les plus adaptées à ces contraintes. Tel un coureur du Vendée Globe, nous regardons sans cesse les fichiers météo pour placer le bateau au meilleur endroit. »

Après ces deux échanges passionnants en passerelle de navigation, nous sommes attendus à la passerelle de défense à vue pour clôturer cette matinée. Le contre-amiral Marc Aussedat va nous y retrouver. Il est le commandant du Groupe aéronaval (GAN) et je lui ai préparé des questions pour pouvoir prendre du recul en comparant le porte-avions Charles de Gaulle à ceux d'autres nations.

« Cela fait plus d'un siècle que l'on met en œuvre des avions à partir de bateaux pour une raison évidente: la liberté d'action que cela nous offre. Avoir une sorte de base pour aéronefs (avions, hélicoptères) qui peut se déplacer là où on le veut, c'est une supériorité extraordinaire. Cela permet d'avoir un effet de surprise et puis, encore une fois, une liberté de manœuvre. Enfin, le fait de pouvoir déplacer cette base permet également d'envoyer un signal fort, et de moduler ce signal en fonction de la proximité du porte-avions et des points stratégiques que l'on vise. »

Le soleil de midi tombe à la verticale. La vigie offre un super point de vue sur la mer qui scintille à perte de vue. Lorsqu'on n'est jamais monté à bord d'un porte-avions, on peut facilement s'imaginer que les marins ont accès à l'extérieur comme certains navires plus petits où il suffit de sortir sur le pont principal pour prendre l'air. Ici, le toit est un aéroport avec trois pistes, deux catapultes, trois brins d'arrêt et 30 aéronefs. Impossible de s'y rendre sans l'autorisation des chiens jaunes, qui gèrent la sécurité sur le pont et les déplacements d'avions. Il y a en revanche quelques coursives sur les côtés et des grands espaces à l'arrière et à l'avant sous la piste, où le personnel à bord peut se retrouver pour prendre le soleil et fumer une cigarette.

Nous passerons une bonne partie de l'après-midi dans les hangars. Situées juste sous le pont d'envol, ces gigantesques salles abritent tout autour et en dessous d'elles, des ateliers et des dépôts de munitions.
Environ 300 techniciens sont en charge de préparer les catapultages et d'entretenir les aéronefs, ce qui permet d'avoir 90 % des Rafale en permanence prêts à voler. Les équipes effectuent des rotations 24 heures sur 24. Sur toute cette grande équipe, 24 mécaniciens avioniques bossent exclusivement sur les moteurs des Rafale Marine.
Une sirène retentit, un ascenseur descend dans le noir de la nuit, laissant apparaître un homme debout devant un imposant Rafale Marine qui le surplombe.
En sortant des hangars éclairés à la lumière jaune, les couloirs sont plongés dans une lumière rouge. Il s'agit du masquage des feux. La lumière passe au rouge une fois que le soleil disparaît de l'horizon pour habituer l'œil à l'obscurité. Une façon de régler l'horloge biologique des marins.

La journée se termine dans les cuisines où l'on me fait visiter les chambres froides et la boulangerie. Le soir, on m'a proposé de retrouver du personnel au bar du carré officiers. L'ambiance est détendue. Les gens parlent et rigolent, certains jouent à la console, d'autres regardent un match à la télé. Les indétrônables baby-foot et jeux de fléchettes côtoient des banquettes où des personnes lisent en écoutant de la musique. Certains marins se saluent chaleureusement: ils ne s'étaient pas vus depuis une semaine alors qu'ils

travaillent tous les deux à bord. Entre les rythmes décalés et la grandeur du navire, ce n'est pas surprenant.
Le bruit des vagues qui se fracassent sur la carlingue berce à nouveau mon sommeil. Vu que tout le monde n'a pas les mêmes horaires, il n'y a pas de branle-bas pour réveiller les équipes afin de préserver le sommeil de ceux qui ont travaillé de nuit.

Alors que je me rends à mon point de rendez-vous pour la prochaine interview, des marins sur le pont effectuent comme chaque matin la cueillette. Ils inspectent le pont d'envol en marchant debout en ligne. À petit pas, de l'avant jusqu'à l'arrière du bateau, ils traquent tout débris pour parer le moindre incident. La découverte continue avec la rencontre du premier-maître Nicolas, contrôleur aérien. « Bienvenue au CCA, le centre de contrôle d'approche. Nous sommes responsables de la sécurité aérienne dans l'espace entourant le porte-avions. Nous les aidons à se rassembler, puis nous les guidons vers le porte-avions pour rentrer. C'est exactement comme une tour de contrôle civile, sauf que là, nous sommes sur un bateau. Aussi, quand le ciel est dégagé, les pilotes volent à vue ; ils se retrouvent en ayant un visuel les uns sur les autres. Mais quand ils sont dans un nuage, ils ne se voient plus. On leur donne alors des indications supplémentaires pour les aider à se repérer. »

Nous montons d'un étage pour rejoindre un bureau dédié à la prévision météo. Nous avons rendez-vous avec Bastien, météorologiste océanographe. Plusieurs personnes nous accueillent, chacune devant un écran d'ordinateur qui affiche des cartes et des relevés.
« Je fais de la prévision pour le bateau. Mon métier, c'est d'étudier le temps qu'il fait et qu'il va faire dans les jours à venir pour qu'on soit en mesure de mettre en œuvre des avions. La prévision nous permet d'avoir du recul, cela aide le commandement à mieux nous positionner dans les mers pour pouvoir faire tout type d'opération. »

Nous prenons une demi-heure de pause en rejoignant la zone fumeur située à l'arrière du navire sous le pont d'envol. Le bourdonnement des Rafale qui volent en formation au loin parvient tout juste à nos oreilles. Difficile en effet de faire abstraction du bruit des machines. En se penchant par-dessus la balustrade, les remous énormes provoqués par les hélices rendent les discussions difficiles : la mer bouillonne dans un torrent d'écume. Le soleil sur le visage fait du bien.

Soudain, il me semble apercevoir une sorte de projection d'eau à 200 mètres de là. Curieux, je sors mon téléobjectif et zoome. À quelques secondes près, j'aurais loupé le dos de cette habitante qui passait par là. La baleine plonge et me laisse immortaliser sa queue qui disparaît dans un ultime plongeon. Première fois de ma vie que je fais la rencontre avec le plus gros mammifère marin. Un rêve, jamais je n'aurais imaginé que cela se produirait à bord d'un si gros navire.
Le regard au loin, je songe à cette expérience à bord et à la vie très engageante du marin. Entre l'éloignement, l'implication demandée, le travail de certaines équipes la nuit, l'absence totale de connexion téléphone et internet (sauf sur des appareils sécurisés) et l'impossibilité de voir des personnes autres que celles présentes à bord pendant le déploiement en mer, il faut reconnaître l'exigence du métier. Mais après deux jours aux côtés de ces 2000 marins, je suis impressionné par la responsabilité remise entre les mains de chacun d'entre eux. Chacun dans leur domaine, ils contribuent à la vie de cet outil. L'addition de tout ce travail fait que cette gigantesque machine, huilée grâce à un travail minutieux de chef d'orchestre, tourne sans accrocs. On se sent tellement petit.

Le dîner est un moment d'échange vraiment sympa. Tantôt à la table de responsables de l'état-major embarqué, tantôt à la table de pilotes de chasse, les discussions qui en découlent sont passionnantes !
Je ferme les rideaux de ma bannette et m'endors, ballotté par le bruit des vagues. Demain, il sera temps d'en apprendre plus sur ceux qui sont au bout de cette grande chaîne : les pilotes et leurs appareils.

Du catapultage à l'appontage : de la mer au ciel

Accroupi sur le pont d'envol, je me trouve à tout juste 5 mètres du Rafale Marine. Il roule doucement en direction de la catapulte dans un vacarme incroyable. Derrière lui, 4 autres colosses en métal attendent leur tour. L'œil derrière le réticule de mon appareil, je m'apprête à immortaliser ce moment fou où un véhicule de plusieurs tonnes va être expulsé d'un navire en mouvement au beau milieu de la Méditerranée. Tout cela, avec plus de 2 kilomètres d'eau sous les pieds.
Un homme avec une brassière jaune se tient debout sur le côté de l'engin, il fait signe de la main au pilote. Ce dernier, assis dans l'habitacle de son imposant Rafale lui répond en faisant un salut final. C'est le signal ! Après avoir plaqué sa tête bien en arrière le long de son fauteuil, la catapulte est enclenchée par un opérateur, remontant le pont à toute vitesse et entraînant avec elle l'avion par son train avant. Tel un caillou logé dans un lance-pierre, le Rafale se retrouve propulsé vers le large en à peine deux secondes.

Mais il convient de reprendre la journée depuis le début. Elle a commencé quelques heures plus tôt, en compagnie des chiens jaunes. Il s'agit des opérateurs sur le pont d'envol qui guident les aéronefs. Leur capacité à se faire entendre dans un environnement extrêmement bruyant et leur tenue jaune très visible leur a valu ce surnom sympathique.

Debout devant une table, un chien jaune dénommé Hervé nous fait les présentations. « Ici c'est la maquette, on retrouve toute l'activité que l'on a dans les hangars et sur le pont d'envol. On a la position de l'ensemble des avions et des hélicoptères avec leurs configurations, c'est-à-dire leurs disponibilités, grâce à des petites pastilles que l'on retrouve en bout d'ailes. On met des pastilles vertes quand l'avion est disponible, jaunes quand l'avion est indisponible mais pendant moins de six heures, et rouges pour une non-disponibilité liée à des gros travaux sur l'avion ou des problèmes logistiques qui vont durer plus de vingt-quatre heures. Lorsque l'on met une deuxième pastille sur l'autre aile, c'est que l'avion est plein. Il est paré pour partir en vol. »

Nous remontons à présent sur une coursive extérieure qui donne sur le pont d'envol. On profite d'un creux dans la journée où il n'y a pas de vols pour rencontrer l'enseigne de vaisseau Bastien, pilote de chasse sur Rafale Marine. Il doit avoir mon âge, nous discutons longuement avant de commencer l'interview.

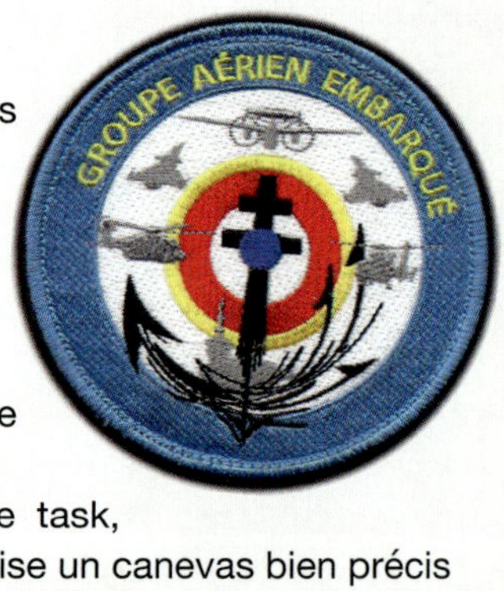

« Ma mission consiste à être déployé partout dans le monde, là où le porte-avions m'emmène, pour réaliser un panel de missions relativement large. C'est un métier de passion ! Être ici à bord, ça a un sens, c'est être au service de la France pendant plusieurs mois. Nous sommes 50 pilotes de Rafale Marine en France. » J'enchaîne en lui demandant le déroulé précis d'une mission.
« Tout commence lorsque l'on nous donne notre task, c'est-à-dire l'objectif que l'on doit atteindre. On utilise un canevas bien précis qui nous permet d'étudier les différents objectifs et d'étudier la menace. Ce n'est pas la même chose si l'on doit effectuer une mission de reconnaissance,

de la dissuasion nucléaire, réaliser un exercice air-air, air-sol ou bien air-mer. Une tactique va découler de tout ça. Après son élaboration, on va préparer notre mission et passer au briefing.
Là aussi, le briefing, c'est quelque chose de très confidentiel qui va durer entre 30 et 45 minutes. On va expliquer à notre patrouille en détail tout ce qu'on va faire : d'abord une *overview* de la mission, ensuite une partie admin. Il s'agit de tout ce qui concerne le départ, le retour, le rassemblement, les communications... Et une fois qu'on a fini de dégrossir ces grandes lignes, on va passer à de la phase tactique que l'on aura préparée ensemble avec tous les détails de ce que l'on va faire pendant toute la mission. On passe en revue les vitesses, les formations de vol, les différents types d'attaques... Et on finira toujours notre briefing par une phase de sécurité. On va se rappeler tous ensemble ce que l'on doit faire face à une panne, à une panne radio et les différents éléments qui pourraient affecter la mission du jour.
Quand on a terminé tout cela, on va se changer et on rentre alors dans la phase de " *walk* ". On va se diriger vers les avions pour les mettre en route, rouler sur le pont et être catapulté.
Ces missions en l'air vont durer d'une heure, pour une mission d'entraînement basique sur le porte-avions, à six ou sept heures en opération réelle. Une fois qu'on a terminé cette mission, la particularité sur le porte-avions, c'est qu'on va devoir revenir apponter. Même si on est fatigué par ce que l'on vient de réaliser, il faut que l'on ait une concentration particulière au retour.
Et enfin, à l'issue de chaque vol, il y a une phase de débriefing. Il va nous permettre de voir si l'objectif a été accompli dans un premier temps. Mais aussi d'en tirer les « *lessons learned* ». Qu'a-t-on appris pendant cette mission ? Que referions-nous différemment ? Que referions-nous à l'identique ? Et comment ne pas se faire avoir la prochaine fois s'il y a quelque chose qui nous a embêté pendant ce vol. Il faut être humble car nous sommes remis en question tout au long de notre carrière. Nous sommes jugés et évalués à chacun de nos vols. »
Il ne va pas tarder à devoir rejoindre la salle du briefing. Je l'accompagne dans les couloirs en le questionnant sur les machines sur lesquelles ils volent.

La salle de briefing n'est pas souvent ouverte aux personnes de l'extérieur. Ils me laissent entrer et je découvre la pièce. Elle se rapproche de l'image caricaturale que l'on peut s'en faire : un grand tableau blanc avec de nombreuses indications écrites au feutre, des fauteuils tournés vers celui-ci.

J'aperçois Bastien en train d'échanger avec un coéquipier dans un coin de la salle. Je me rapproche d'eux en essayant de ne pas les déranger et prends la discussion en cours : « On va se changer à 30 pour walker à 35, on a un Bravo à 15-10 et un Charlie à 16-28. Pour un début de percée à 16-20-30 secondes. »

NE PAS ENTRER SAUF
URGENCE.
BRIEFING EN COURS

J'avoue ne pas avoir tout compris. Cela tombe bien, ce n'est pas moi qui serai en l'air !

Vingt minutes plus tard, le compte à rebours est lancé. Tout le groupe quitte la pièce pour rejoindre son vestiaire, situé de l'autre côté du couloir. Une fois équipés, les pilotes marchent d'un bon pas pour rejoindre le pont d'envol, casque à la main. Le tic-tac s'intensifie dans ma tête.
Je me souviendrai longtemps de la sensation que j'ai eue lorsque l'on marchait sur le pont d'envol. Entourés par une dizaine de monstres d'acier ainsi que par une vingtaine de personnes d'équipage qui s'affairent à leur poste, on sent l'adrénaline monter. Le casque antibruit provoque une drôle de sensation. Alors qu'il faut être alerte et appliquer les consignes de sécurité au doigt et à l'œil, on ne peut plus que se suivre du regard. La voix ne nous est plus d'aucune utilité. Le casque antibruit nous enferme dans une sorte de bulle. Cela donne l'impression d'être déconnecté, un peu comme si notre cerveau comprenait ce qu'il se passait, mais que nos sens ne recevaient pas toute l'information.
Alors que nous marchons en direction de l'arrière du pont, le chien jaune nous fait enjamber les trois brins d'arrêt avec beaucoup de précaution. Ces câbles, tendus à quelques centimètres au-dessus du sol, sont le billet de retour de Bastien et de ses collègues. Des pompiers en tenues intégrales anti-feu attendent patiemment à côté des Rafale. Ils déplacent de gros extincteurs sur des chariots. Les chiens jaunes côtoient des personnes aux tenues vertes, bleues, marron, rouges et blanches. Chacun a une tâche spécifique à réaliser.

L'échiquier se met en place : les chiens jaunes attendent sur le côté des pistes que les avions soient prêts, les pilotes finissent d'inspecter leurs machines et s'installent à bord, de la fumée blanche s'échappe de la catapulte qui fonctionne à la vapeur. Tout est prêt : la mise en place commence. Debout, les deux bras en l'air et les mains écartées, un chien jaune indique au premier pilote qu'il peut avancer en direction de la catapulte. Au fur et à mesure de l'avancée de l'avion sur le pont, il rapproche progressivement ses mains l'une de l'autre au-dessus de sa tête. Le pilote adapte sa vitesse aux signes qui lui sont faits. Au moment où les mains du chien jaune se touchent, le pilote stoppe l'avion : il est aligné sur la catapulte.

Un panneau de la piste de plusieurs mètres carrés se relève alors à 45° derrière l'avion. Les vérins qui soulèvent cette plaque du sol permettent de créer un mur qui protège les avions situés derrière et qui attendent de pouvoir décoller. Le Rafale doit réaliser une série de tests avant de s'engager, dont celui de réaliser une postcombustion. Tant qu'il se trouve tracté par la catapulte, le pilote ne touche pas aux commandes de son avion. Mais une fois éjecté du navire, il reprend l'engin en main et enclenche la postcombustion (PC) afin d'augmenter temporairement la poussée fournie par le turboréacteur.
La piste étant très courte, il devra compter sur cette poussée supplémentaire pour s'éloigner en toute sécurité du niveau de la mer. Bastien me l'avait expliqué juste avant de nous quitter : « On est à la merci de la catapulte, donc on se laisse faire et on attend d'être sorti du pont pour récupérer l'avion. »
De longues flammes s'agitent à la sortie du réacteur. De l'eau de mer circule à l'intérieur du mur afin de le refroidir. Un opérateur m'apprendra qu'un avion peut rester en postcombustion jusqu'à 30 secondes maximum, après quoi il doit arrêter car cela peut endommager sérieusement le revêtement derrière lui. Le test est validé, le pilote stoppe la PC, laisse le moteur tourner et abaisse un

⑤ Récupérer du renseignement

« On fait aussi de la reconnaissance. On a des pods photo, que l'on met sous l'avion. On prend des photos très précises à très haute altitude, de l'ordre de la dizaine de centimètres en termes de résolution. Et on extrait du renseignement. L'idée étant pour la France d'avoir toujours cette capacité autonome d'appréciation de situation. Nous ne sommes pas inféodés à certaines autres nations pour le renseignement (nda : les États-Unis). Nous travaillons avec eux, mais nous sommes capables d'être autonomes dans cette appréciation. Ce renseignement, la photo en fait partie. »

Alors que l'on est sur le point de rejoindre la plateforme des officiers d'appontage d'où l'on pourra observer les appontages, la responsable presse me fait signe. « Le lieutenant de vaisseau Jérôme peut nous recevoir tout de suite pour échanger. Il est contrôleur d'opération aérienne. » Je saute bien évidemment sur l'occasion. Nous trouvons un recoin pas trop bruyant et nous commençons l'interview.
« On peut aller pour l'instant jusqu'à 30 Rafale, 2 avions Hawkeye de guet aérien et jusqu'à 3 ou 4 hélicoptères embarqués à bord. En journée, nous sommes capables de catapulter un avion toutes les 30 secondes, une pontée moyenne étant de 10 à 12 avions. Nous sommes donc capables de mettre en œuvre une pontée en moins de 5 minutes et de la récupérer entre 7 et 8 minutes de jour et de nuit de 10 à 12 minutes. »

Le ciel est digne d'un tableau. Les couleurs pastel aux tons bleu-violet indiquent que la fin de journée est là. Posté à l'affût à l'arrière du navire, je profite du répit pour m'imprégner du lieu et du moment. Tout est si riche dans ce reportage et tout passe si vite! Je prépare mon matériel pour les appontages. En réécoutant les prises faites un peu plus tôt dans l'après-midi sur le pont du navire, je découvre que toutes les deux secondes environ, un grésillement parasite régulier se fait entendre, certainement le radar.

Dix minutes plus tard, les voilà! Par groupe de trois, les chasseurs reviennent dans le ciel au-dessus de notre position. Ils effectuent de grands cercles en volant au coude à coude. L'un des trois se détache et commence son approche. L'engin arrive à une vitesse d'environ 250 km/h. Il réalise les derniers ajustements de sa trajectoire en étant guidé à la radio par des officiers d'appontage, eux-mêmes pilotes chevronnés.
Ce qui est fascinant, c'est que l'avion ne freine pas comme un avion classique qui toucherait le sol. Il arrive à vitesse constante et se fait retenir en plein vol par le câble qui l'empêche d'avancer. Par mesure de sécurité, le pilote remet la postcombustion quand il vient d'être retenu par le brin d'arrêt au cas où celui-ci céderait. Une fois l'avion posé et à l'arrêt, l'exercice n'est pas terminé.

Le pilote doit libérer le pont le plus vite possible pour les autres restés en l'air et se préparant à l'appontage. Le pilote au sol est alors guidé par des chiens jaunes pour se stationner sur le côté du pont. Un autre chasseur rentre alors en finale et se pose alors que l'avion précédent arrive à l'instant même dans la zone de stationnement. Un ballet mené à la baguette.

La nuit s'installe, nous sommes priés de rentrer à l'intérieur du navire, tandis que les exercices aériens continuent. C'est intéressant de noter que les sons sont différents une fois dedans. Alors que la catapulte offre un spectacle auditif proche d'un long raclement métallique lourd, les appontages sont reconnaissables par le bruit explosif et incandescent des moteurs.
Impossible de dormir, les images passent en boucle dans ma tête. Je fais un premier dérush des vidéos du jour sur mon ordinateur. Le programme de demain est tout aussi prometteur. Après cinq jours passés à bord, j'ai l'opportunité de rejoindre une frégate qui escorte le porte-avions. Il est temps de prendre du recul sur l'utilisation de cet outil.

Le groupe aéronaval (GAN) : l'escorte du porte-avions

Debout sur une coursive extérieure du Charles de Gaulle, je découvre au petit matin qu'un pétrolier ravitailleur nous a rejoints en pleine mer pendant la nuit. Côte à côte, les deux navires avancent à la même vitesse tandis que des hommes s'activent sur les ponts afin de procéder au ravitaillement. Des poubelles et des blocs de cartons compressés sont déchargés vers le pétrolier ravitailleur tandis qu'à l'inverse, les cales de celui-ci se vident de leurs palettes de denrées alimentaires et de matériel pour finir sur le porte-avions.

À passer ces cinq premiers jours à découvrir la complexité et la richesse du Charles de Gaulle, j'en avais oublié qu'il ne navigue jamais seul. Lors de mon échange avec le contre-amiral Marc Aussedat, commandant du groupe aéronaval (GAN), il m'avait donné plein d'informations à ce sujet.
« Le Groupe Aéronaval est un groupe d'unités de bateaux, d'avions et de sous-marins, qui sont déployés autour du porte-avions dont la finalité est de mettre en œuvre des avions. Et pour être en mesure de le faire librement, là où on le décide, nous avons toute une escorte qui l'accompagne : des bâtiments de surface, chargés de surveiller ce qui se passe sous l'eau et au-dessus de la surface : la FREMM, ou bien de surveiller les airs : la frégate de défense

aérienne (FDA). Ces navires vont vérifier que les unités détectées sont connues, et quand ce n'est pas le cas, ils vont savoir les identifier, en étant capable de vérifier ce qui se passe à l'intérieur d'une bulle, un périmètre nécessaire pour assurer la sécurité vis-à-vis de menaces potentielles. Pour compléter tout ça, on a un sous-marin qui va également regarder ce qui se passe sous l'eau. Enfin, un pétrolier ravitailleur est là pour soutenir la force sur le plan logistique. Le GAN est à géométrie variable et compte entre 2000 et 3000 personnes.

– Il s'agit donc d'un outil militaire et diplomatique. Quelles sont les raisons de son utilisation ?

– Le GAN est un outil stratégique, qui est à la main du politique. C'est l'État qui décide de son emploi. On peut l'illustrer avec le 13 novembre 2015 et les attentats en France : le GAN fait alors route vers la Méditerranée orientale et conduit les premières frappes de lutte contre le terrorisme, contre Daesh. C'est une illustration de ce que peut être l'emploi par le politique de ce formidable outil qu'est le groupe aéronaval. Dans une zone que l'on considère comme stratégique, cela consiste à asseoir sa supériorité par la présence même du groupe aéronaval. Aussi, en filigrane de toutes les missions qu'on réalise avec le GAN et le groupe aérien embarqué, on fait ce qu'on appelle de la « connaissance anticipation », qui vise à recueillir du renseignement. Ce renseignement va permettre au GAN de mieux apprécier une situation et, de manière plus politique, d'être en mesure de produire, aux échelons de décision et politiques, des preuves qui peuvent servir dans des négociations, dans des discussions avec d'autres pays.

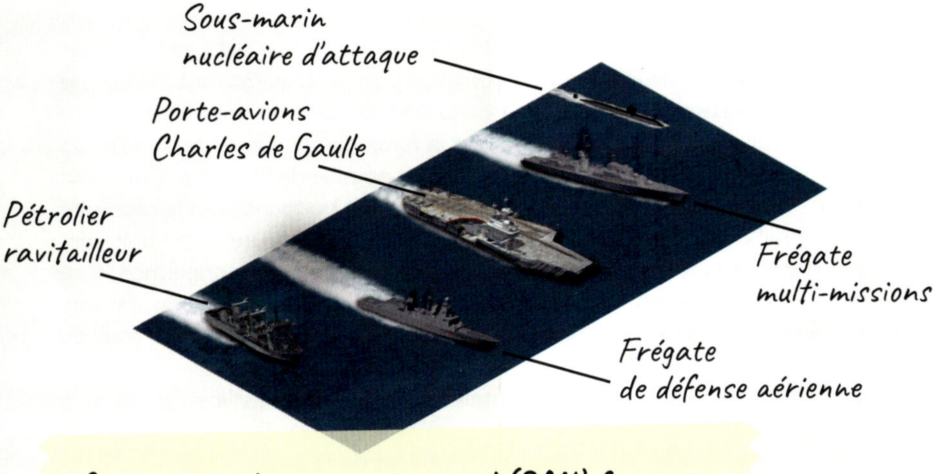

Composition du groupe aéronaval (GAN) français

Frégate Auvergne

Arrivée en hélicoptère

Sonar arrière submersible

Le capitaine de vaisseau Yannick Bossu nous reçoit dans le hangar. Il est le commandant de la FREMM Auvergne. Il nous emmène au carré des officiers où l'on échange sur notre passage à bord. Le mouvement du navire ne va pas tarder à me jouer des tours, je file prendre l'air sur le pont situé à côté de la passerelle de navigation. La mer se calme, me donnant à présent l'énergie pour réaliser les interviews à bord. Un long entretien avec le commandant m'a permis de mieux cerner la réalité du travail d'escorteur.

« Selon la mission du moment et selon le degré de danger qu'il estime autour de lui, on peut imaginer que le groupe aéronaval va plus au moins se resserrer autour du porte-avions. Plus la menace sera élevée, plus on va activer les moyens que l'on a pour protéger l'environnement proche du porte-avions. En revanche, dans d'autres postures, plus liées à des coopérations internationales, à du recueil d'information, à de la maîtrise de crise, le GAN va se déployer. Les missions de la frégate Auvergne sont multiples, comme ses capacités. Ses missions, elle peut les accomplir seule ou bien, comme aujourd'hui, à proximité du Charles de Gaulle. Elles vont de la protection du porte-avions au recueil d'information en passant par la protection dans le domaine sous-marin – elle est spécialement équipée pour détecter sous l'eau des sous-marins et lutter contre eux –, en surface ou dans les airs. L'Auvergne est une frégate multimissions, elle peut donc agir dans les trois domaines (air, surface et sous la surface).
Pour lutter – c'est le terme que l'on emploie –, avant de lancer des missiles, de tirer au canon ou de lancer des torpilles, il faut savoir ce qu'il y a autour de nous. Donc la logique des matériels que nous avons à bord, c'est celle-là : d'abord maîtriser notre environnement, savoir ce qu'il y a autour de nous dans les trois domaines, et ensuite, disposer des moyens que l'on a pour agir.
Vers le fond, pour détecter les sous-marins, le moyen usuellement utilisé est le sonar. Il s'agit d'un appareil qui va balancer des ondes sonores, attendre une réponse contre une éventuelle cible, et détecter sa position. Nous en avons deux, un fixé à l'avant sous la coque, tandis que le deuxième à l'arrière peut être mis en immersion.
Pour détecter en surface, le moyen principal est un radar qui va, lui, utiliser l'énergie électromagnétique. Il va envoyer une onde, attendre qu'elle se réfléchisse, la recevoir et l'analyser pour déduire ce qui se trouve autour de nous. Et c'est le même radar, nous n'en avons qu'un, extrêmement puissant et sophistiqué, qui nous permet aussi de détecter les avions. »

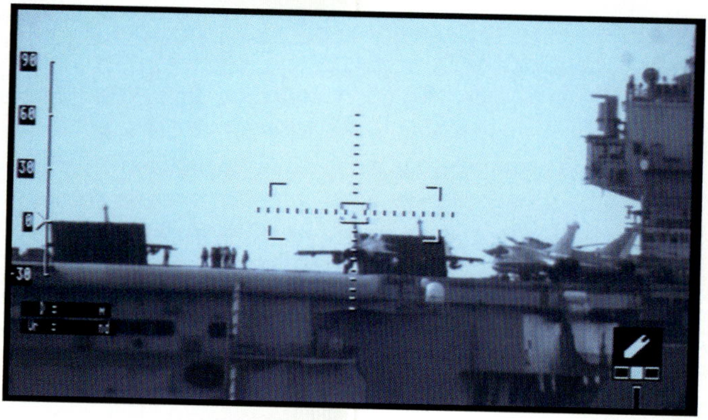

« Maintenant que l'on sait ce qu'il y a autour de nous, il y a un certain nombre de critères techniques, tactiques, de renseignement, qui vont nous permettre d'évaluer le degré de menace que représentent les différents éléments que nous aurons détectés dans les trois milieux. Et éventuellement, selon la mission qui nous est assignée, nous pourrons agir.
Avec quoi agit-on ? Sous l'eau, avec des torpilles qui sont des espèces de mini-sous-marins propulsés par une hélice avec une batterie électrique. Pour agir sur l'eau, nous avons le canon de 76 mm situé sur la plage avant, et également des missiles mer-mer. On a aussi des missiles de croisière navale qui sont eux aussi sur la plage avant dans des lanceurs verticaux que l'on peut tirer vers la terre à une distance de 1 000 kilomètres avec une précision allant de l'ordre du mètre. Ce dernier type de missile est bien une arme de projection de puissance de la mer vers la terre ; elle peut venir aider le porte-avions et ses Rafale si besoin. »

Le commandant m'emmène dans une salle hautement stratégique : Le central opérations . La pièce est remplie d'opérateurs, casque sur les oreilles, plongés devant de grands écrans. Des données s'affichent, des cartes défilent et les vues des caméras sont retransmises sur de grands panneaux. Ils m'apprendront que, grâce à la liaison tactique, les marins se partagent les informations des autres navires en temps réel, cela permet à bord, de bénéficier de la détection du bateau voisin.

le capitaine de vaisseau Bossu reprend en s'approchant de moi: « Les capacités de détection, les portées de nos armes mais aussi celles des adversaires sont plus grandes qu'il y a 70 ans. Elles permettent et elles imposent un écartement beaucoup plus grand entre les bâtiments. Car plus on détecte loin la menace éventuelle, plus tôt on pourra agir, et plus la protection du porte-avions sera efficace. Les moyens de transmission ont aussi évolué: on peut continuer de se parler entre les bâtiments, par des transmissions satellites, les messageries de tchat, par e-mail, le tout dans des bulles protégées militairement (cybersécurité). On ne parle plus par scott (signaux lumineux), ou bien en envoyant des pavillons dans la mâture.

– On m'a dit que la frégate à bord de laquelle on se trouve possède un avantage de furtivité…

– Oui, l'Auvergne a une coque particulière qui n'est pas droite. On parle d'une coque en diamant. Cette forme singulière permet d'améliorer sa furtivité, c'est-à-dire d'augmenter la difficulté qu'auraient nos adversaires à nous détecter par leurs systèmes de radars et d'ondes électromagnétiques. Il nous verra donc très tardivement et beaucoup plus petit qu'en réalité. Cette frégate qui fait 137 mètres de long apparaîtra de la taille d'un chalutier environ sur les écrans de ceux qui cherchent à nous détecter. »

La porte arrière du hangar s'ouvre verticalement, tandis qu'une sonnerie alerte les équipes voisines de la manœuvre. L'hélicoptère qui s'y trouvait est déplacé progressivement vers la piste. On me tend une nouvelle fois la combinaison orange. Je sais malheureusement ce que cela signifie. Je salue les marins en les dérangeant dans leur sport de fin de journée, pompes, abdos et tractions effectués en bordure du hangar.

Le commandant me reçoit dans son bureau pour un au revoir, je le remercie chaleureusement pour son accueil et ses explications. Le soleil disparaît progressivement derrière l'horizon, tandis que les dernières couleurs violettes teintent le ciel. Je l'interprète comme le bouquet final de cette aventure en mer. Nous nous installons à bord du Caïman, qui tire quelques minutes plus tard vers la côte.

Ce que je retiens de cette expérience incroyablement dense, c'est qu'on se sent terriblement petit face à un tel dispositif. Les missions réalisées dépassent tellement l'échelle humaine qu'on se sent écrasé par les moyens mis en œuvre. Chaque marin rencontré m'a semblé passionné et impliqué. C'est nécessaire, car cet outil demande de l'engagement et de la rigueur. Je suis ravi d'avoir pu comprendre de l'intérieur cette outil à la disposition de la diplomatie française.

1. Déplacement du GAN

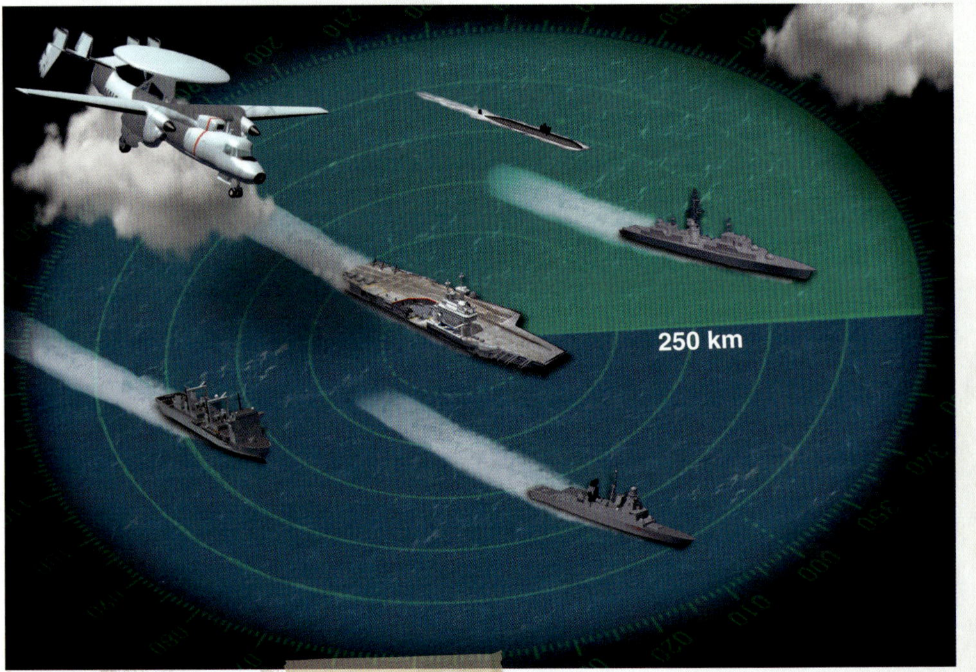

Les différents matériels radars et sonars permettent de créer une bulle de détection de 500 km de diamètre.
Le groupe aéronaval peut parcourir jusqu'à 1 000 km en 24 heures.
Les bâtiments se resserrent plus ou moins autour du porte-avions selon la géographie et la mission.

2. Au cours d'une mission

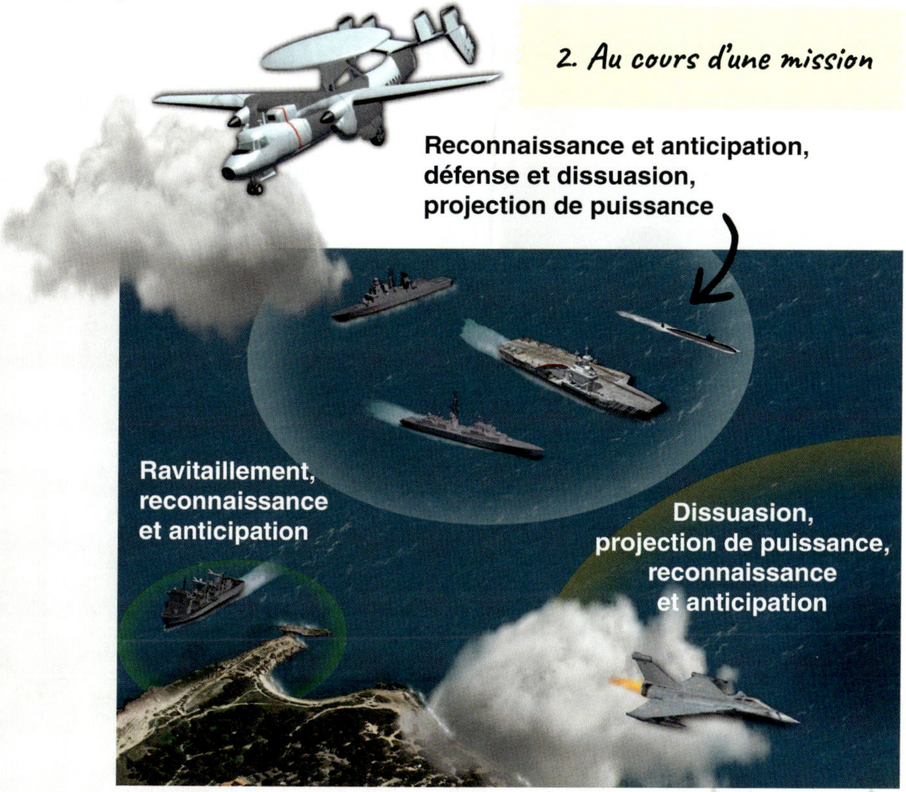

Fin de reportage, il est temps de rejoindre la côte.

ÉTATS-UNIS
Tijuana
Juárez
RIO GRANDE
GOLFE DE CALIFORNIE
GOLFE DU MEXIQUE
Cabo San Lucas
Puerto Vallarta
Guadalajara
MEXICO
Mérida
Cancún
Palenque
Oaxaca
Acapulco
OCÉAN PACIFIQUE
BELIZE
GUATEMALA
HONDURAS
SALVADOR

Infos territoire

Situé en Amérique du Nord et grand comme trois fois et demie la France, le Mexique possède une géographie variée et une histoire très riche. Cette diversité est parfois mise à mal par des films américains qui le résument souvent uniquement à des quartiers peu reluisants dans des villes poussiéreuses en bordure de grands déserts (ce qui est toutefois la réalité de certains coins). Les agences de voyages communiquent, elles, beaucoup plus sur le folklore, la gastronomie, la capitale bouillonnante et la région Sud-Est, très verdoyante et riche en héritage colonial et précolombien.
Composé de 32 États fédéraux, le Mexique possède deux longues façades maritimes et représente la deuxième économie d'Amérique latine. Malgré ce dynamisme, le pays doit faire face à de criantes inégalités : 44 % de la population vit sous le seuil de pauvreté.

Ce qui est à la fois fascinant et dramatique pour le pays, c'est que sa simple localisation géographique est en grande partie responsable des problèmes les plus néfastes qu'il rencontre. Être le voisin de la première puissance mondiale a du bon, et du moins bon…
Quand vous êtes situé entre une grande zone de production de drogue au sud et une grande zone de consommation au nord, les flux transitent naturellement par chez vous. Et puisque la demande pour ce genre de produits est forte et les gains élevés, des groupes déstabilisent le pays afin de gérer la production et la logistique, en toute illégalité.
Voici donc le visage de la bête noire du Mexique : une demande constante pour de la drogue au nord, qui provoque de violentes répercussions au sud entre ceux qui sont prêts à prendre des risques pour y répondre. Afin d'exercer leur juteux business, ces organisations s'en prennent à tout ce qui pourrait les menacer : les personnes qui sont en charge d'appliquer la justice, les forces de police, l'armée, les politiques, les journalistes et les gangs rivaux. Des violences et des intimidations qui viennent fragiliser la démocratie, augmenter les injustices et la corruption.

- Plus de **10 000 km de façades maritimes**.
- La frontière nord est **la plus traversée au monde** (légalement et illégalement).
- 99 % des Mexicains parlent espagnol (en première et deuxième langues), mais on recense énormément de **langues autochtones** dont les deux principales sont **le nahuatl** et **le maya yucatèque**. La plupart d'entre elles sont rassemblées au sein de l'ensemble des **langues mayas, uto-aztèques, oto-mangues…**
- **2019** : record du nombre d'homicides avec **35 000 assassinats** liés en grande partie aux trafics.
- 90 % des crimes ne sont **pas résolus**.

Accompagner des migrants le long du train de la mort

Le compteur m'indique que j'ai parcouru 400 km cet après-midi. Les premières maisons défilent de chaque côté, j'arrive enfin aux abords de la ville de Palenque au crépuscule. Le ciel s'assombrit dans des tonalités bleu gris alors que les lumières jaunâtres de la ville sont déjà allumées. Même en pleine ville, on y entend des bruits de singes et d'oiseaux qui s'échappent des denses forêts aux alentours. Palenque est assez touristique, car on y trouve un site archéologique très réputé. Mais pour ceux qui s'intéressent aux migrations en Amérique, cette ville située au sud du pays est un point informel de transit. Deux villes, deux visages. Je m'apprête à découvrir le deuxième.
Je file à l'auberge de jeunesse du coin et fais connaissance avec un voyageur mexicain. On partage le même dortoir. La soirée se termine vite, je m'endors à 23 heures, après avoir acheté à la volée des *tamales*, une papillote d'origine amérindienne cuite à la vapeur dans la feuille qui entoure l'épi de maïs. Ne disposant que d'une seule prise électrique dans la chambre, je mets un réveil au milieu de la nuit pour charger de nouvelles batteries.
Pour les amateurs de photos et vidéos, ou bien pour tous ceux qui aiment s'immerger dans des atmosphères qui transportent, levez-vous tôt le matin quand vous vous trouvez dans une zone tropicale. À l'aube, une brume s'échappe des arbres au niveau de la canopée et vient se confondre avec le feuillage de la végétation. Elle y restera jusqu'à ce que le soleil réchauffe l'atmosphère. Elle vous rappellera au passage pourquoi le taux d'humidité y est aussi élevé. Des cris d'oiseaux et des hurlements de singes se font entendre : les habitants de ces forêts sont réveillés.

Après avoir préparé mon matos et fait des plans de drone au petit matin, je quitte la partie touristique de la ville pour rejoindre la gare de triage. Cette gare étant réservée aux trains de marchandises, elle n'est pas très bien indiquée, ni connectée avec le reste de la ville. Je me gare non loin de là et décide de faire un premier repérage sans mon matos. Une place et une route en terre longent la gare de triage. Je vois de nombreux groupes de personnes qui attendent, assis de manière éparse le long des voies. Cela fait beaucoup de personnes pour un train qui ne prend d'habitude pas de voyageurs…
Je continue mon tour et tombe sur un policier. Je tente d'en s'avoir plus en feignant de lui demander où se trouve le distributeur le plus proche. Très sympa, il me propose de m'y accompagner: il se trouve une rue derrière. Sur le chemin, j'en profite pour lui demander des infos sur cette gare au moment où nous passons devant elle. « La plupart des personnes ici viennent du Honduras et du Guatemala. Ils attendent la Bestia, c'est le nom qu'ils ont donné au train de marchandises. Ils vont vers le nord. ». Cette partie de la ville n'étant pas très touristique, il est un peu surpris de me voir ici. Il me lâche une dernière recommandation: « Faites attention à vos affaires, beaucoup n'ont pas beaucoup d'argent avec eux. » J'acquiesce en opinant du chef.
Muni de mes quelques pesos mexicains, je déjeune à un *puesto de comida*, petit restaurant ambulant sur les trottoirs. La vendeuse me pose des questions, je décide de jouer la carte de la franchise: « Je suis reporter français, je viens faire une vidéo sur les personnes qui voyagent au Mexique à bord de la Bestia.
– Ça tombe bien, l'homme derrière vous attend le train lui aussi », me répond-elle.
La conversation est toute lancée avec ce Hondurien de 45 ans, qui sirote un soda pour tuer le temps. Un peu hésitant au début, j'essaie de ne pas l'assommer directement par mes questions. Il se livre sans difficulté: « Oui, ça fait deux jours que j'attends, j'ai traversé la frontière entre le Guatemala et le Mexique en début de semaine.
– Vous savez à quelle heure part le prochain train? » Il rigole.
« Personne ne sait, ces trains n'ont pas d'horaires définis comme pour les trains de voyageurs. S'ils sont prêts, ils partent, sinon, on attend. Parfois six jours! »
Même si j'avais anticipé le côté aléatoire des départs, je ne pensais pas être plongé dès le premier jour dans ce que ces personnes vivent pendant toute leur remontée jusqu'au nord: l'attente et l'incertitude.

Je redoutais les patrouilles de police incessantes mais, à ma grande surprise, je n'ai vu qu'une voiture passer en une heure. Après avoir pris la température depuis le *puesto de comida*, je décide d'y aller sans trop savoir comment les personnes vont réagir à ma présence. J'ai laissé ma caméra au fond du coffre de la voiture.

Le système ferroviaire mexicain donne schématiquement les routes migratoires suivantes :

Un groupe de personnes attend debout le long des rails. D'autres sont assises ou allongées, le sac sur le dos. Je continue d'avancer en saluant les personnes qui me regardent. La plupart me répondent. Des poules picorent par endroits, tandis que certains habitants continuent leurs activités, habitués à leur présence.

Palenque est une des portes d'entrée dans le pays pour ceux, plus au sud, qui viennent en quête d'une vie meilleure. Afin de rejoindre avec peu d'argent et sans autorisation les États-Unis, le stratagème mis en place depuis de nombreuses années par ces gens est d'atteindre le réseau ferroviaire mexicain, puis de monter sur un train de marchandises en marche.
Tapachula, située à une centaine de kilomètres d'ici, en est la deuxième porte d'entrée. Les voies ferrées du pays relient la capitale aux ports le long de chaque façade maritime et vers la frontière au Nord. Donc, en faisant plusieurs sauts de puce, de tronçon en tronçon, vous pouvez arriver jusqu'au pays de l'oncle Sam. Mais on va voir que la route est loin d'être tranquille.

« *Hey guerro ! Que haces por aqui* ? » Une personne dans un groupe m'interpelle en me demandant ce que je fais ici. Il arbore un tatouage sur le visage, je sais à qui j'ai affaire. Un membre de la Mara Salvatrucha, ces gangs ultraviolents qui pullulent malheureusement dans les pays d'Amérique centrale. Après quelques rapides échanges, et au vu de ses réponses, je devine qu'il est complètement camé et un peu lourdingue. « T'as pas des clopes ? Qu'est-ce que tu fous là ? » Je lui réponds que je suis reporter et que je viens prendre des images de la Bestia. « Ah, mais moi je ne peux pas être filmé. » Sa réponse me fait comprendre qu'il ne fait plus partie du gang et que cela ne s'est pas terminé en bon termes.
Les autres personnes du groupe sont gênées par l'individu qui ne fait pas l'unanimité. Je ne sais pas s'il est sous l'emprise de l'alcool ou d'un stupéfiant, mais j'en déduis qu'il s'est incrusté dans le groupe et que les autres ne le connaissent pas. Il finit par quitter le cercle et disparaît au recoin d'une ruelle. Les membres du groupe commencent enfin à se livrer. « On ne connaît pas ce type, il a débarqué comme ça. On n'aime pas ce genre de personnes qui traînent dans le coin. Nous, on attend juste le train, sans rien demander à personne. »

Surpris par leur jeune âge, je leur demande : « Vous avez quel âge ? »
– Entre 16 et 23 ans, me lance l'un d'eux.
– Et vous vous connaissiez avant de partir ?
– Non, nous nous sommes rencontrés sur la route en passant la frontière du Guatemala, on préfère rester groupé, car on s'entend bien et on est plus fort comme ça. On est chacun parti tout seul de chez nous.

De l'attente...

… au sprint !

GATX

Rendez-vous lugubre avec un tueur à gage en plein cartel

Le *sicario* sort une cagoule de son sac et l'enfile devant nous. Étant toujours en activité, il a accepté notre interview à la stricte condition de pouvoir la faire le visage masqué. Il nous a donné rendez-vous dans une cour désaffectée. Elle forme un cul-de-sac et n'offre qu'une seule sortie : un couloir sinueux bordé de rideaux métalliques qui donne sur le marché de Tepito, un quartier de Mexico. Perpétuellement sur le qui-vive, il ouvre un bouton de sa chemise et dégaine un pistolet devant nous. Il ne quitte pas des yeux la sortie de la cour, alerte.
Les jours précédents à Mexico, dans l'attente de réaliser cette interview aux côtés de Charles, une question n'arrêtait pas de me traverser l'esprit : qu'est-ce qui explique l'existence des tueurs à gage au Mexique ?

Si l'on veut répondre à cette question, il faut comprendre l'origine du narcotrafic dans le pays.

Malgré le fait que certaines substances puissent être interdites par certains pays, on observe qu'il y a quand même de la demande. Et l'être humain est formidable : à chaque fois qu'il y a de la demande pour un produit ou un service, même illégal, quelqu'un sera prêt à prendre des risques pour le fournir, quitte à contourner les lois pour ça.

Des groupes ont ainsi senti au cours de ces dernières décennies que la demande en Amérique du Nord pouvait rendre ce business très lucratif, notamment pour la cocaïne, dont la feuille de coca ne pousse que dans trois pays d'Amérique latine. Ils se sont d'abord installés sur les territoires colombiens afin de gérer la production, le transit et la livraison de ces substances. Le Mexique étant situé géographiquement sur la route de ces grands flux, entre le lieu de production et de consommation, les organisations criminelles n'ont pas tardé à s'y installer.

Le Mexique est un pays formidable et je pourrai en parler des heures, c'est réellement un pays magnifique. Simplement, pour répondre à notre question, il faut comprendre les conséquences de l'implantation de ces groupes sur le territoire. Car pour continuer de développer leurs activités illégalement dans le narcotrafic, ces organisations s'en sont prises à tout ce qui pouvait les menacer : policiers, journalistes, juges et avocats... Mais aussi aux gangs rivaux. Et cela par la violence, la peur, l'intimidation ou bien la corruption.
C'est comme ça que le Mexique a vu son système judiciaire s'effriter peu à peu jusqu'à tomber dans une spirale très vicieuse : plus le système était paralysé, plus il y avait de place pour que ces organisations se développent et plus cela paralysait la démocratie mexicaine. Les affrontements entre les gangs entre eux et avec la police ont fait plus de 33 000 morts en 2018 et presque 35 000 en 2019[1]. C'est juste colossal ! Certaines zones de guerre ne connaissent pas autant d'assassinats chaque année.
Le Mexique est considéré comme la zone la plus dangereuse pour les journalistes après les zones de guerre. En plus de cette forte criminalité, le manque de justice est une aubaine pour ces organisations : on estime que 90 % des crimes au Mexique ne sont pas résolus[2], avec tout ce que ça amène comme

conséquences : la prospérité des organisations criminelles, la corruption, les abus et les rackets perpétrés par certains policiers, la perte de confiance de la population envers sa propre police ainsi que la perte de crédibilité du gouvernement. La justice est mise à mal.

Or, comme on l'a vu précédemment, à chaque fois qu'il y a de la demande pour un produit ou un service, même illégal, il y aura de l'offre... Quelqu'un a besoin de justice ? C'est là qu'intervient l'homme cagoulé qui se tient debout devant moi.

Contre de l'argent, il va faire justice pour vous. Les *sicarios* sont recrutés par les organisations criminelles pour tuer des opposants des gangs rivaux, des policiers, des avocats, des journalistes. Mais il arrive qu'ils soient aussi recrutés par des citoyens lambda qui n'arrivent pas à obtenir réparation (c'est le cas par exemple de citoyens qui veulent se venger de policiers qui les ont rackettés à répétition).

Notre contact nous fait signe. « Il faut libérer la cour dans 1 h 15 maximum ! » On tente d'en savoir un peu plus. « Il vaut mieux que l'on ne soit plus là à ce moment-là, c'est tout. » Nous nous exécutons sans traîner. Méthodiquement, nous plaçons nos caméras en fonction de la lumière qui tombe presque à la verticale. Charles installe un micro, tandis que je vérifie la hauteur du trépied que je suis en train d'installer. Le *sicario* s'assied, l'interview peut commencer.

L'homme, au début très méfiant et avec le regard qui fuyait instinctivement vers la sortie, s'est peu à peu détendu. Il répond en toute franchise aux questions de Charles. Une franchise parfois déroutante.

« Ici, ceux que l'on appelle *sicario* sont les personnes qui tuent pour l'argent. Souvent, on ne connaît pas les personnes qui nous engagent et on ne demande pas pourquoi on doit tuer cette personne. Simplement, comme pour n'importe quel travail, on reçoit l'argent. Ils nous donnent l'ordre de mission et on l'exécute.

– Comment êtes-vous devenus un tueur ?

– J'ai intégré l'armée quand j'avais 15 ans. Et comme dans toute formation militaire, j'ai suivi des cours élémentaires qui m'ont permis d'apprendre le port d'arme balistique, l'autodéfense, les premiers soins et tout ce que cela exige. J'ai ensuite quitté l'armée et je me suis retrouvé sans emploi pendant un certain temps, en errant ici et là. J'ai commencé à voler. Et quand tu voles, tu commences à tuer des personnes parce qu'elles s'opposent au braquage.

[1] Secrétariat exécutif du Système national de la sécurité publique mexicain, 2020.

[2] INEGI, 2012.

> Et donc je tuais des gens simplement pour les voler, rien de plus. Jusqu'à ce qu'une personne me propose une opportunité. Cette personne m'a proposé de l'argent pour tuer des gens. J'ai trouvé cela plus simple d'aller juste tuer les gens que de les voler. C'est pour ça que j'ai commencé ce genre de missions. »

Un clocher sonne. Des pigeons s'envolent des toits voisins et survolent la cour dans un battement d'ailes. Tepito est l'un des plus anciens quartiers de Mexico, situé en plein centre-ville. Il est malheureusement l'un des plus pauvres, beaucoup d'habitants n'ont pas accès à l'eau et à l'électricité. Au cœur de ce quartier se trouve un gigantesque marché couvert, un *tianguis*, véritable dédale d'échoppes et de postes ambulants qui grouille de vie. Une sorte de souk à la mexicaine. C'est par celui-ci que nous sommes arrivés quelques minutes plus tôt. Le quartier est malheureusement réputé pour ses vols, sa violence, la prostitution, la contrefaçon et la revente d'objets volés. Et effectivement, quand on dépasse la dernière rue avant d'arriver dans le quartier, on se rend compte que les règles changent. De l'autorité formelle du gouvernement qui s'applique d'ordinaire de manière unanime sur le territoire, on arrive dans une zone où au-dessus de cette autorité formelle, s'ajoute une autorité informelle, celle des cartels. Une autorité qui prend parfois même l'ascendant. Dans la ville de Mexico et ses environs, ce ne sont pas moins de six cartels qui se partagent les trafics. Le cartel de La Unión est l'un d'eux.
Notre source est à la fois notre guide et notre bulle de protection. On ne l'a pas lâché d'une semelle. Entre ceux qui nous regardaient avec insistance en nous pointant du doigt au loin et ceux qui détournaient volontairement le regard de la caméra, nous avons directement senti que nous n'étions pas chez nous et que notre présence dérangeait certains. Notre contact nous présente à un policier que l'on salue.
À ce moment précis, j'ai pris conscience, à l'échelle d'un quartier, d'un phénomène qui a lieu aussi à l'échelle du pays. La présence d'une autorité formelle, le policier, et d'une autorité informelle, le cartel, sur un même territoire. Une cohabitation surprenante et tendue. Le policier est en charge d'appliquer et de faire respecter la loi sur le territoire, mais il ne peut pas le faire correctement s'il tient à rester en vie. Du coup, il doit forcément fermer les yeux sur certaines activités et certains agissements. De son côté, le cartel ne peut pas chasser, voire tuer, le policier en disant « ici, c'est chez nous », sous peine de voir rappliquer plus d'équipes policières et l'armée, ce qui viendrait menacer gravement leurs activités. Il y a donc une sorte d'acceptation froide, une sorte d'équilibre très instable qui amène pas mal de travers : corruption et injustice.

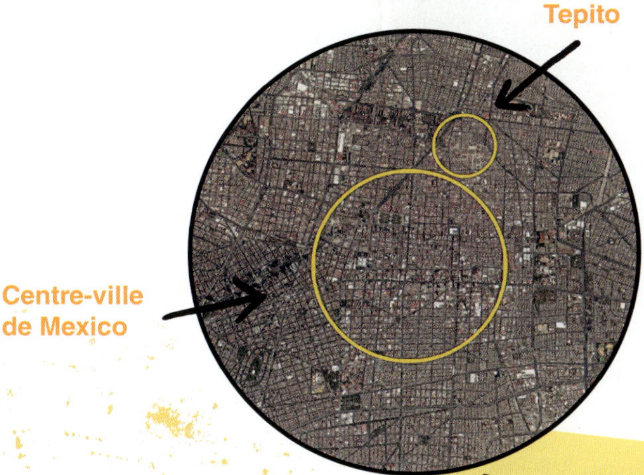

Présence d'un **tianguis, sorte de souk à la mexicaine.** Quartier très informel, principalement recouvert d'un grand marché avec de nombreuses échoppes.

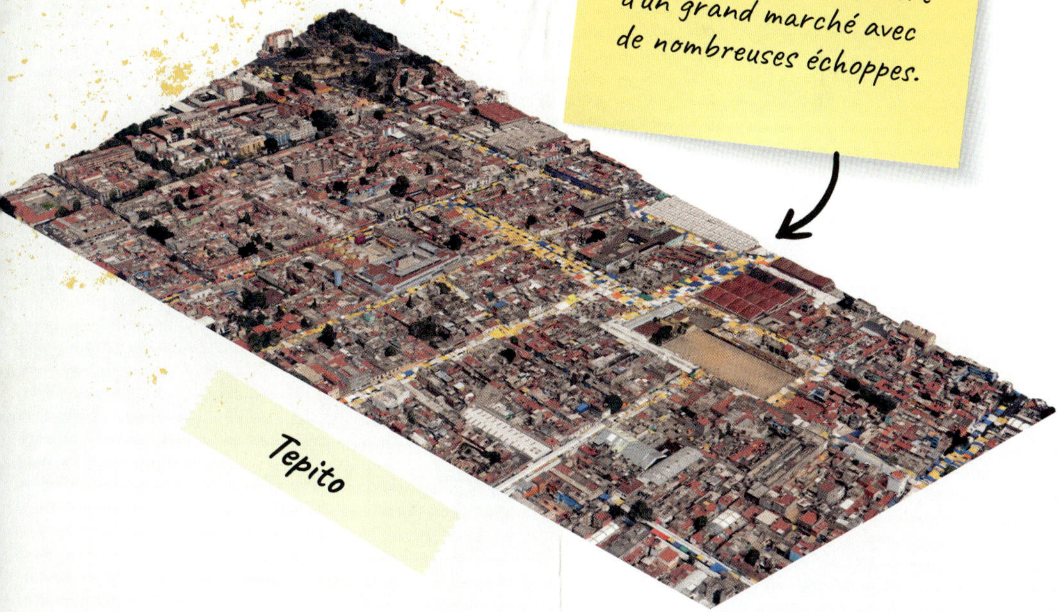

*Marche dans le quartier de Tepito jusqu'au lieu de rencontre avec le **sicario**.*

Installation et début de l'interview.

Tepito, c'est une porte d'entrée qui vous mène d'un monde vers un autre, le licite vers l'illicite, encore faut-il connaître les accès.
Vous pouvez tout à fait venir avec votre vélo et le faire réparer dans un atelier sans vous rendre compte que le garage derrière cache une planque de crystal meth. Vous pourriez clairement aller manger des *enchiladas* sans vous rendre compte, que derrière le mur de la cuisine, il y a un labo clandestin. Et comme ça nous est arrivé ce jour-là, vous pourriez être introduit auprès d'un vendeur, lui serrer la main, discuter avec lui sans savoir qu'il s'agit d'un des big boss du cartel de La Unión.
« Tu vas voir, c'est quelqu'un de très fort », me dit-il en mimant quelqu'un qui se protège avec ses poings tel un boxeur. Je m'attendais à voir un homme balèze et sportif. Ce n'est qu'en voyant sa stature tout à fait normale que j'ai compris que le mot « fort » avait ici une tout autre signification : *puissant* et *influent*, auraient été plus appropriés, en français.

Il nous a laissés passer dans ce couloir qui mène à la cour désaffectée et où son échoppe permet d'en contrôler les allées et venues. Alors que l'on est en pleine interview de l'homme cagoulé, des artisans ferrailleurs continuent de circuler dans la cour comme si de rien était. Je crois halluciner. L'un d'eux ouvre un rideau métallique et en sort du matériel.
« La personne qui m'engage me donne une feuille avec la photo de la cible, son adresse personnelle, son adresse professionnelle et ses itinéraires. Parfois, on te dit voici son adresse personnelle et son adresse professionnelle, son trajet, et c'est là que tu le fais, où tu peux dans le lieu le plus approprié. Il y a d'autres cas où on te dit spécifiquement d'aller les tuer dans leur bureau ou bien d'attendre qu'elles rentrent chez elles. Je leur tire une balle dans la tête ou autre chose, comme les cribler de balles par exemple.
– Est-ce que vous utilisez toujours un pistolet ?
– Non, je change parfois d'armes car, de temps en temps, on me demande d'utiliser un fusil neuf. Mais le plus souvent, j'utilise un pistolet ou un couteau.
– Donc vous avez déjà tué avec un couteau ?
– Oui, plusieurs fois. En visant la jugulaire ou bien, ici, l'aorte. Ou directement dans le cœur. Mais pour certaines personnes, c'est plus difficile de viser le cœur que de leur trancher la gorge. »

Une des caractéristiques les plus sidérantes du crime organisé et du fonctionnement des cartels est ce que l'on appelle l'effet cliquet. C'est un mécanisme qui fait qu'il ne peut pas y avoir de retour en arrière passé un certain stade. Très vite, les nouvelles recrues sont pieds et poings liées, sans échappatoire. Une fois tombé dedans, c'est extrêmement difficile pour eux d'en sortir, soit à cause des pressions en interne et des menaces, soit à cause de la pauvreté, soit à cause des représailles éventuelles des gangs rivaux et de la police qui font que vous vous sentez plus en sécurité en restant dans les gangs. Ce côté définitif et radical fait tomber les concernés dans une forme de fatalisme. Avec une espérance de vie de deux ans en moyenne dans ces organisations, les nouvelles recrues finissent par se convaincre qu'elles vont mourir jeune. Alors, quitte à y rester et à vivre dans l'incertitude et l'insécurité jusqu'à ce que jour arrive, autant y aller à fond, gagner le maximum d'argent, vivre le mieux possible pendant ce laps de temps. Ça induit une logique qui pousse les gens à s'enfoncer davantage dans l'illégalité.

El Chacal a échappé à plusieurs tentatives d'assassinats (coups de couteau et une balle dans la jambe).

« Avez-vous tué quelqu'un depuis le début d'année ?
– Non, pas encore, mais ça commence à me manquer », lâche-t-il avec un rictus et un léger rire. Nous nous glaçons, mais Charles continue l'interview.
« Est-ce que vous vous rendez compte à quel point ce que vous dites peut avoir l'air fou pour certaines personnes ?
– Comme tout ce qui est mal, non ? Ce n'est pas normal de devoir tuer des gens dans la rue pour de l'argent, mais souvent, on n'a pas d'autres choix. J'ai très souvent été poussé à devenir ce que je suis. Parfois, c'était le désespoir, le manque d'argent.
– Quel est le prix pour tuer quelqu'un ? Combien vaut une vie humaine ?
– Le paiement le plus bas que j'ai reçu est de 4 000 euros. Pour certains, ça peut aller jusqu'à 8 000, 10 000 euros… Ça dépend du commanditaire.
– Avez-vous déjà refusé un contrat ?
– Oui… C'était un journaliste. Parce que ceux qui tuent des journalistes finissent toujours par se faire prendre. Les civils, ça arrive qu'ils manifestent dans la rue après un assassinat. Si la famille ou leurs proches veulent enquêter, ils ne vont rien trouver du tout. Mais quand il s'agit d'un journaliste, si un collègue à lui s'entête et se jette à corps perdu dans la recherche du tueur, il finit toujours par le retrouver.
– Mais ici, au Mexique, beaucoup de journalistes se font tuer.
– C'est vrai qu'ils paient beaucoup pour un journaliste, de 12 000 à 20 000 euros. Je peux dire que je suis serein parce que, à l'armée, quand j'étais plus jeune, on m'a appris à obéir aux ordres. Donc je prends ça comme un ordre. Sans compter que ce n'est pas moi qui tue mais la personne qui a commandité l'assassinat. J'ai l'esprit tranquille parce que je n'ai pas pris la décision. »
C'est dérangeant et même glaçant d'entendre un tueur à gage parler de manière aussi détachée et froide de ce qu'il fait.
« Vous savez combien de personnes vous avez tuées ?
– En vrai, je ne saurais pas le dire. Au début, j'y pensais et je les comptais, mais j'ai arrêté de le faire parce que je faisais des cauchemars.
– Avez-vous des regrets ?
– Non, je ne regrette rien. Ce qui est fait est fait.
– Est-ce que c'est difficile de tuer ?
– Non. En fait, c'est au début que c'est difficile. Les premières fois que tu le fais, tu peux avoir le trac. Mais après, c'est comme tout, tu t'habitues.
– Donc vous vous y habituez, vous vous habituez à la mort ?
– Oui, comme pour tout. »

Charles enchaîne sur des questions en lien avec la religion et ses croyances, ce qui ouvre une partie très intéressante mais souvent méconnue de l'illégalité et du narcotrafic au Mexique. Afin de trouver un sens à leur travail et face à un avenir hautement incertain, beaucoup de narcotrafiquants vouent un culte à trois icônes : la Santa Muerte, Jesús Malverde et enfin Judas, le saint patron des voleurs.

« Pensez-vous que vous irez dans une sorte de paradis ?

– Ça se pourrait, pourquoi pas ? Comme on dit, si on est tous chrétiens, si Dieu nous pardonne tout, et si je me repens sincèrement avant de mourir, peut-être que j'irai au paradis. »

Narcotrafic et religion : quelles relations ?

Santa Muerte

©Thelma Datter

©Tomas Castelazo

Jesús Malverde

©Tomas Castelazo

©Eneas De Troya

On approche dangereusement de l'heure maximale que l'on nous a accordée. Notre contact commence à s'impatienter, on range le matériel une fois la dernière réponse donnée. L'homme retire sa cagoule et je le regarde à nouveau dans les yeux, à visage découvert. Je lui trouve quelques ressemblances avec l'acteur Danny Trejo (alias Machete). Il quitte la cour en marchant derrière nous, petit et discret. Il me serre la main et on échange deux mots de remerciement. « *Es un pinche fantasma* », me glisse le fixeur. Je me retourne, voilà qu'il s'est évanoui dans la nature, au milieu des échoppes. « Oui, c'est bien un putain de fantôme. »

Je ne pensais pas pouvoir retirer autant d'apprentissages de cette demi-journée passée dans le quartier.
Il ne doit pas être loin de 13 heures. Nous quittons le marché en continuant de saluer les personnes que notre contact nous présente sur la route du retour. Comme si de rien n'était…

Vivre aux côtés de narcotrafiquants mexicains

« Les narcotrafiquants qui lui achètent ce latex de pavot ne peuvent pas venir en voiture jusqu'ici, sinon, ils se feront arrêter par l'armée en redescendant. Du coup, ils arrivent avec de petits avions et se posent au milieu des montagnes dans des champs clandestins, c'est comme ça qu'ils font la transaction. »
Je lève la tête et fais un tour d'horizon pour observer les montagnes environnantes. Il n'y a rien de plat, difficile d'imaginer un avion s'y poser. Et pourtant.

Deux jours plus tôt.

Les gros axes souvent chargés de la ville de Mexico sont plongés dans le bleu de la nuit, totalement vides. Il est 4 heures du matin et nous nous extirpons en voiture, encore endormis, de cette capitale tentaculaire. Nous planifions douze heures de route pour rejoindre notre contact dans les montagnes de l'État de Guerrero. Il ne faut pas traîner. Nous dépassons les derniers quartiers informels de Tlalpan, au sud de la ville, pour finalement descendre des hauts plateaux vers les grands espaces des environs de Cuernavaca.
Quatre heures plus tard, nous arrivons le long de la côte pacifique qu'il va nous falloir longer. Une fois à Acapulco, nous passons devant la plage où a été tué Erick Castillo Sánchez, quelques semaines avant notre passage. « Il n'avait prévenu personne qu'il viendrait ici, il bossait pour Discovery Networks.

A priori, ils l'ont assassiné alors qu'ils cherchaient à lui voler sa voiture avec son matériel dedans. Un autre journaliste est toujours porté disparu pour avoir investigué sur le sujet. »
La réalité nous frappe en plein visage : les cartels se débarrassent de tous ceux qui peuvent nuire à leur activité. Toutes les 17 heures et 40 minutes, un journaliste est assassiné dans le pays. « Aucun journaliste étranger n'est encore venu à cet endroit précis. Ces plantations illégales ont déjà été approchées par des journalistes mexicains, mais ce sera une première à l'internationale. En revanche, il y a déjà eu des reporters américains et européens qui sont venus tourner à d'autres endroits de la Sierra. » Gabriel, notre fixeur, nous parle ici tantôt en anglais, tantôt en espagnol, de la Sierra Madre del Sur, une chaîne de montagnes très reculée et peu accessible.

Sur la route, plusieurs barrages nous bloquent le passage. L'armée contrôle les véhicules à la louche, en tenant une caisse à la main pour demander de l'argent en même temps. Avec un 4x4 blanc généralement utilisé par les narcos, nous sommes vite repérés et arrêtés. Nous le savions, mais nous avions besoin de ce type de véhicule, car la route qui nous attend n'est pas praticable du tout.
Nous jouons la carte des touristes qui se font guider par deux locaux. La consigne : dire que nous rejoignons la ville de Puerto Escondido, très touristique et située plus au sud le long de cette route. Si jamais les militaires en viennent à fouiller nos sacs pleins de matos vidéo, nous expliquons que nous réalisons des vidéos de voyage. Après certains regards appuyés de militaires cagoulés, nous continuons notre route.

Nous arrivons à Ometepec à l'heure du déjeuner. Avant d'entrer dans la ville, de nouveaux barrages nous ont contraints de nous arrêter, mais cette fois-ci, ce n'est pas l'armée qui nous a contrôlés. Des hommes armés sans tenue officielle contrôlent les véhicules à la louche en tenant une caisse à la main. Le fixeur discute avec eux. La voie est libre. Nous avançons, puis faisons halte en ville en prenant le temps de nous offrir quelques tacos.
Les fixeurs nous parlent des miliciens que l'on vient de croiser.
« À partir de ce barrage de la police communautaire, on est entré dans une zone qui n'est plus entièrement sous le contrôle de l'armée. La police communautaire défend le territoire, car la population vit principalement des plantations illégales. Ils défendent leur gagne-pain. L'armée est là aussi, mais il faut l'éviter à tout prix. Car à présent, on deale avec les villageois qui produisent du pavot et il n'y a qu'eux qui nous laisseront passer. »

Un territoire et deux autorités. Ça me rappelle étrangement le quartier de Tepito lors de notre rencontre avec le *sicario*. Nous nous remettons en route en achetant massivement de l'eau, du pain, quelques conserves et de quoi survivre plusieurs jours en autonomie. Les grandes routes laissent place à de plus petites. Les maisons sont de plus en plus éparses, jusqu'à ce que nous arrivions au pied d'une longue chaîne de montagnes. Nous y voici, la Sierra Madre del Sur. Nous esquivons un petit campement militaire en roulant à toute allure avant d'arriver dix minutes plus tard à un village. « À partir d'ici, l'armée mexicaine ne met plus les pieds. On est en territoire mixtèque. Je vais me présenter au prochain barrage pour annoncer notre venue à Santiago. » Nous nous garons sur une place pendant que notre fixeur envoie la photo de la plaque d'immatriculation à un numéro sur son téléphone. On n'en saura pas plus. Le fait est que nous sommes à présent accueillis et attendus au village de Juquila Yucucani, situé à six heures de route, droit devant. « Il n'y a qu'une ou deux intersections sur toute la route, difficile de se tromper. »

La route est recouverte de terre tellement légère et poudreuse qu'on dirait de la poussière. Elle s'infiltre dans les chaussures quand on marche. La végétation change : d'un paysage côtier, on arrive à un climat de montagne. Pour aller si loin, il faut vraiment le vouloir. « On doit rouler vite, car ils sont prévenus de notre venue en haut et en bas de la route. Au milieu, on peut potentiellement tomber sur des personnes qui ne seraient pas au courant. Il faut éviter ça. » Nous acceptons de ne sortir de la voiture qu'à de rares occasions pour prendre des images. Et ce, loin des villages que nous allons croiser pendant les prochaines heures.

12 heures de route,
dont 6 sur du chemin de terre.

Zone du pays où l'autorité est détenue par le gouvernement mexicain au travers de son armée

Vers cartels du Nord & États-Unis

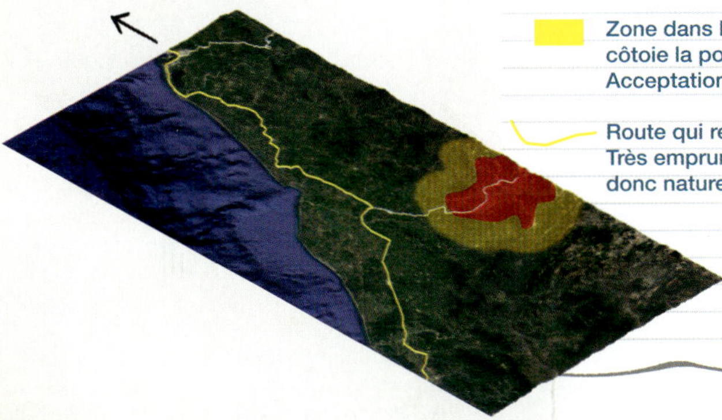

Zone dans laquelle l'armée mexicaine ne met plus les pieds, car la police communautaire défend le territoire afin de protéger les plantations illégales de pavot somnifère.

Zone dans laquelle l'armée mexicaine côtoie la police communautaire. Acceptation froide.

Route qui remonte la côte ouest du pays. Très empruntée par les narcos, elle est donc naturellement très surveillée.

Nous arrivons au village de Juquila Yucucani juste avant le coucher de soleil. Santiago, le chef du village, est encore dans les champs en train de travailler. Les fixeurs l'appellent pour le prévenir de notre arrivée, il nous demande de l'attendre sur la place centrale. Nous nous appliquons et il nous rejoint une heure plus tard.
L'homme, entre 40 et 50 ans je dirais, est habillé d'une chemise à carreaux et d'une casquette militaire vissée sur le crâne. Un pistolet est accroché dans son étui à la ceinture et il porte un fusil à la main. Il nous souhaite la bienvenue et nous offre l'hospitalité chez lui. Le reportage commence vraiment.

Sa maison est composée d'un petit bâtiment rudimentaire auquel est accolée une grande pièce en terre qui fait aussi épicerie et cuisine. Nous nous y rassemblons tous. Les présentations commencent et nous lui indiquons nos intentions au travers de ces reportages, en lui expliquant ce que l'on aurait besoin de filmer. Lui, de son côté, écoute et approuve nos demandes. Difficile de comprendre pour le moment l'intérêt qu'il y trouve étant donné l'illégalité de son activité, mais nous n'allons pas tarder à le découvrir.
Nous portons notre matériel autour du cou, mais nous ne tournons pas encore d'images. Il est un peu trop tôt dans la soirée, il faut continuer de discuter pour instaurer la confiance. L'idée en nous exposant avec le matériel dès le début, c'est que les gens s'habituent à nous voir avec. Cela va nous aider à gagner en naturel dans les jours à venir dans nos interactions avec Santiago et sa famille. Des femmes sont en train de s'activer près d'un feu au fond de la pièce. Je vais les voir en leur demandant ce qu'elles préparent. Nous parlons cuisine quelques minutes avant qu'un enfant ne soit intrigué par la bonnette de mon micro. Je me mets à sa hauteur tout en le laissant attraper mon matériel vidéo. Charles est toujours en discussion avec Santiago aidé du fixeur.
Difficile de ne pas être frappé par la pauvreté et les conditions de vie des habitants. Dans une région aussi reculée, où les opportunités d'emplois ne sont pas nombreuses, plus de la moitié des habitants du village vivent sous le seuil de pauvreté. La pauvreté, ce n'est pas juste manquer d'argent. Il s'agit d'un phénomène composite. Et cela se vérifie à Juquila Yucucani. Le village ne possède ni eau potable, ni toilettes ni réseau d'égouts. Des choses anodines comme l'accès à internet, aux loisirs et au divertissement sont ici un luxe. Il en va de même pour l'accès à l'éducation.
Je n'en reviens pas que ceux qui sont en première ligne de ce grand trafic d'héroïne puissent vivre dans une telle pauvreté. Loin de l'image bling-bling véhiculée par certains groupes de narcotrafiquants, les agriculteurs qui produisent la matière première vivent très modestement et ne verront que peu de retombées de ce juteux business.
Au même moment, Santiago arrive avec un pochon en plastique dans les mains. De la taille d'un poing, il s'agit du latex de pavot obtenu ces derniers

jours dans ses champs. Nous y voilà. Il nous fait passer le pochon et à voir la manière dont il ne le quitte pas des yeux, nous comprenons vite que c'est ce qui a le plus de valeur dans la pièce. Nous prenons quelques photos. La pâte brunâtre, légèrement caoutchouteuse, sera vendue dans les prochaines semaines à un cartel qui se chargera de la transformer, puis de l'acheminer jusqu'aux zones de vente.

Le village est plongé dans un noir profond. « Pas de pollution visuelle à l'horizon », me lance Charles en regardant le ciel constellé d'étoiles. Nous déchargeons nos sacs de la voiture et nous nous installons à même le sol dans une pièce en dur. Nous passerons les prochaines nuits ici. En faisant un dernier aller-retour à la voiture, j'observe que la salle jouxte une cellule fermée par une porte en métal. « C'est la prison du village, me dit le fixeur. C'est là-dedans que Santiago a fait enfermer de force le maire du village avant de prendre le pouvoir il y a trois ans. »
Assez caricaturale, la prison ressemble à celle d'un vieux western. « L'ancien maire ne remplissait pas ses promesses de développer l'économie du village et ne prenait pas assez en compte les habitants, selon Santiago. Il a décidé de changer les choses et, depuis qu'il est au pouvoir, il a intensifié l'exploitation illégale de pavot somnifère afin de procurer plus de revenus aux familles. »
Le regard toujours tourné vers la prison, je lui réponds sur le ton de l'ironie : « Si le reportage se passe mal, au moins, on n'aura pas trop de chemin à faire. » Il ne m'a pas répondu. Il est 21 heures et nous nous endormons. J'avoue avoir du mal à trouver le sommeil si tôt, mais il va falloir prendre le rythme du village.

5 heures du matin.
Nous nous équipons et retrouvons Santiago et sa famille devant chez lui. Les levers et couchers de soleil sont incroyables. Le ciel nous offre un dégradé du bleu nuit jusqu'au rouge sur fond de relief montagneux. Tout le monde monte à bord de la camionnette, Charles à l'avant, et moi à l'arrière avec la femme de Santiago et certains de ses enfants. Le soleil passe tout juste au-dessus des montagnes et commence à illuminer la route. Santiago démarre. Vingt minutes de petite route de terre plus tard, au milieu du village, puis au milieu de champs accrochés au relief, le camion s'arrête.
« On est arrivé », dit Santiago en remontant la vitre de son pick-up et en enfonçant sa casquette militaire sur le crâne. « Le nom de cet endroit est Barrancas Capi et on se trouve environ à 1 280 mètres d'altitude. Il y a des plantations un peu partout dans cette région. Allons de ce côté, c'est par là. »

Nous voilà à pied en train de remonter un chemin qui serpente au milieu de jeunes plants de maïs qui sortent d'un mètre du sol. Santiago, fusil en bandoulière et pistolet à la ceinture, ouvre la voie. Un arroseur automatique asperge un

champ au-dessus de nous tandis que des chiens nous aboient dessus au loin. « Il tire l'eau d'une source plus haut dans la montagne », me dit Gabriel. Nous arrivons dans un deuxième champ de maïs, où les plants font cette fois-ci plus de 2 mètres de haut. Après avoir traversé celui-ci, nous atteignons le milieu d'un champ de pavot.
Nous y sommes.

6 heures du matin, le soleil réchauffe le ciel :
il est temps de suivre Santiago et sa famille.

Fin de notre deuxième
journée à Juquila Yucucani.

Pistil du pavot somnifère une fois incisé

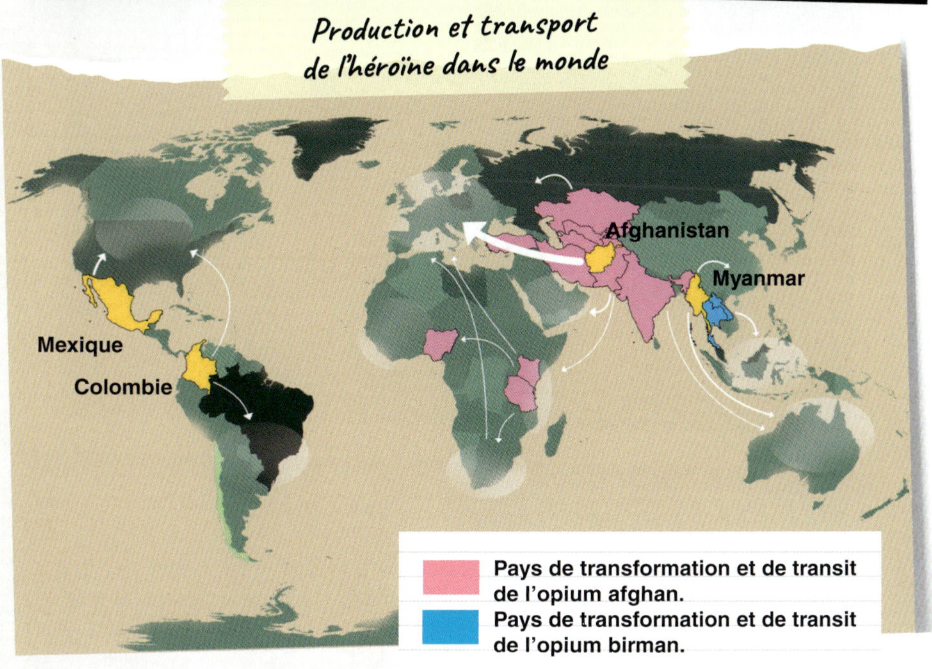

Le lendemain, nous accompagnons à nouveau la famille de Santiago dans les champs.

Charles en profite pour tourner une autre partie de ses interviews. J'envoie le drone dans les airs pour faire de nouvelles prises de vue. Nous finissons par égrainer du maïs tous ensemble en attendant que le soleil tape sur les plantations pour en faire sortir le latex.

Alors que Santiago se baisse pour attraper un objet au sol, un pendentif autour de son cou passe par-dessus sa chemise. Je n'ai pas eu besoin de beaucoup de temps pour reconnaître la silhouette de la Santa Muerte. L'expérience avec Charles au cœur du quartier de Tepito m'ayant beaucoup appris, j'ai été heureux de pouvoir comprendre sur le moment la signification qu'elle pouvait avoir aux yeux de Santiago. La Santa Muerte: l'icône de ceux qui ont un pied dans la vie et un pied dans la mort. L'icône qui accueille tous ceux qui vivent dans l'incertitude.

Santiago est un homme condamné à vivre et à mourir dans cette Sierra. Il a eu vent que sa tête était connue d'autres cartels concurrents de celui à qui il vend le latex de pavot. Descendre de la Sierra par l'unique route signifierait passer obligatoirement par certains barrages où des gens le reconnaîtraient et pourraient s'en prendre potentiellement à lui. Et puis, j'imagine qu'en ayant pris le pouvoir en destituant le maire en place par la force et en intensifiant les productions illégales dans le village, il n'est pas forcément très bien vu des autorités mexicaines qui doivent très certainement avoir un fichier sur lui.

Sa femme et lui nous ont pourtant parlé de leur désir de migrer vers les USA pour rejoindre deux de leurs enfants et espérer y trouver une vie meilleure. Mais ils semblent pris au piège. C'est dur de voir de manière réaliste la spirale infernale qui fait plonger les personnes qui travaillent dans le narcotrafic, surtout quand ils en tirent aussi peu de bénéfices et qu'ils partaient avec aussi peu au départ.

La descente de la montagne me laisse une étrange amertume et m'amène à réfléchir davantage à la question du bien et du mal, du légal et de l'illégal. Je reste convaincu que si n'importe lequel d'entre nous était né dans cette communauté, nous serions actuellement aux côtés de Santiago à travailler dans l'illégalité.

Une musique de Manu Chao résonne dans ma tête.
« *La vida es una tombola…* ». Oui, la vie est une loterie.

Annexes

–> Les dangers de la jungle

La brume matinale se dissipe et la forêt se réveille

Le principal risque en forêt, c'est celui de **se perdre**. Les grandes distances, le sol souvent couvert d'eau et de boue et les difficultés à trouver de la nourriture en font un milieu extrêmement exigeant.

Le deuxième risque, c'est **la chute de branches.** Lors d'un bivouac, n'utilisez que des cordes suffisamment solides pour votre faitière et **ne restez pas sous un arbre mort.**

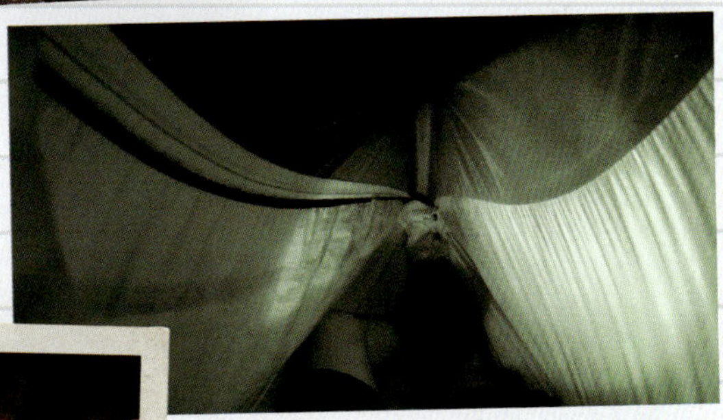

Ensuite, viennent **les rencontres avec certains habitants.** Bien que l'on redoute souvent le pire comme un nez à nez avec un **jaguar** ou la morsure d'un **serpent**, ce sont souvent les petites bêtes qui vous auront à l'usure. Les **fourmis** et les **moustiques** sont ici chez eux. Ne laissez pas vos pieds toucher les bords du hamac, une **chauve-souris** pourrait vous transmettre une maladie en vous mordant dans votre sommeil.

-> Faire du feu avec les moyens du bord

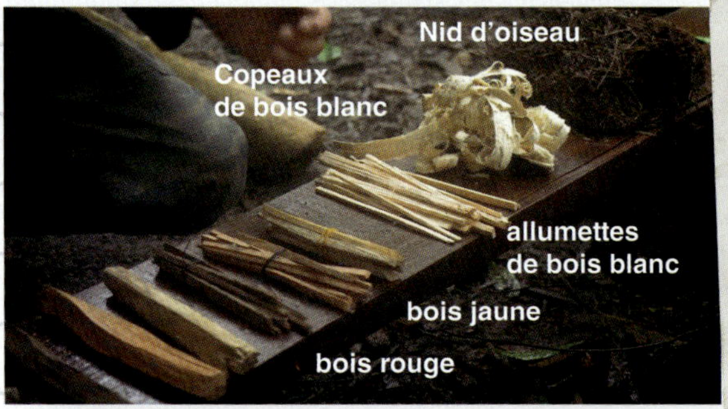

Sève d'arbre, dont la fumée sert d'insecticide.

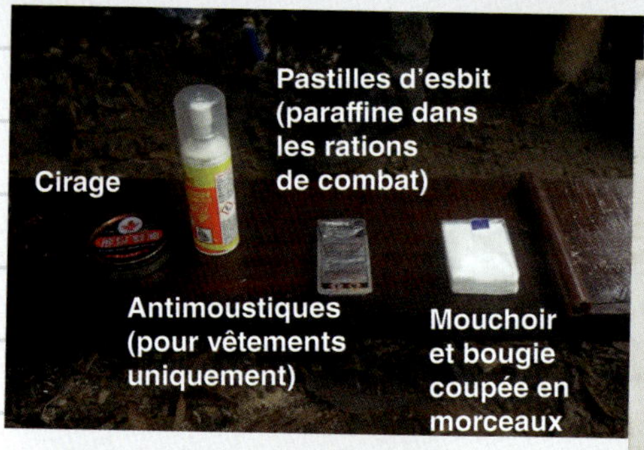

Morceaux de bougies enroulés dans un mouchoir

Un peu de cirage (base pétrole) sur un bout de bois mouillé

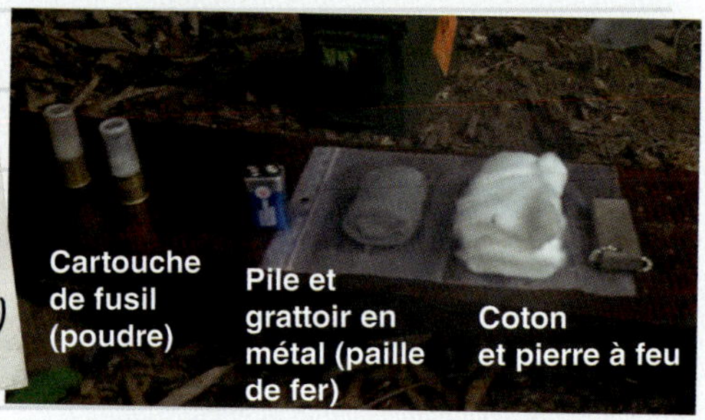

–> Installation d'un bivouac

« On s'adapte toujours »
Caporal Viorel

1. Bâche rectangulaire qui repose sur une faîtière (corde épaisse).
2. Hamac tactique pour poser le matériel au sec en hauteur.
3. Hamac avec moustiquaire.
4. Piquets pour les chaussures.
5. Caisson étanche.
6. Piquet pour la bougie.

-> Visiter les mangroves

Pensez à l'antimoustique, sinon vous risquez de ne pas apprécier la visite !

Ces zones humides sont des havres de vie ! Les poissons se réfugient dans les racines pour se reproduire, **les palétuviers sont une protection naturelle contre les tsunamis et les inondations.** Les eaux poissonneuses apportent de la nourriture pour les villages alentour… La beauté du lieu permet d'attirer des visiteurs et favoriser l'économie touristique (hôtels familiaux, restaurants, guides, tours en pirogue…).

Dans la réalité, **les abords des mangroves sont souvent sales.** Les réseaux de racines coincent les déchets qui sont drainés par les vagues tandis que des pêcheurs et des habitants peuvent parfois y déposer des poubelles.
Ce qui vient alors attirer un autre type de faune :

Évitez absolument de vous baigner à proximité des mangroves (à moins que cela ne vous le soit suggéré par un habitant du coin), surtout à l'endroit précis où l'eau douce se jette dans la mer : vous êtes très certainement dans une zone à crocodile !

-> Expérimenter la solitude

Chaque type de désert apporte du dépaysement.
Mais les déserts de sable et polaires n'offrent pas autant de liberté que les déserts semi-arides. Tandis qu'**une escapade en Arctique ou bien dans le Sahara, doit être organisée avec un guide** et où le temps sur place est limité, les déserts de type " western " sont accessibles à pied, depuis un village voisin. Le réseau téléphonique est souvent meilleur au cas où, et le milieu moins hostile.

Attention !
Ces espaces restent très sauvages : éloignement, grandes distances, fortes chaleurs, animaux rampants, relief accidenté...
Partez équipés, informés et en contact avec quelqu'un.

De l'ombre d'un arbuste, aux longues heures de marche au soleil, en passant par les nuits au pied d'une chouette perchée au sommet d'un cactus...

...À vous la liberté!

-> Les dangers de l'Arctique

*Partez en étant au fait sur **l'orientation**, sur **l'état de la banquise**, **les conditions météo** et **les risques d'avalanches** (si vous passez en zone montagneuse).*

L'ours polaire est le roi de ces territoires nordiques.
On apprend à redevenir une proie dans ces espaces. **Soyez extrêmement vigilants si vous marchez le long des côtes.** C'est là que se trouvent les phoques, son repas préféré !
Il existe de nombreuses règles concernant les ours. Respectez-les, car à la course à pied, j'ai peur qu'il soit meilleur que vous !

Sous de telles latitudes, **le froid sera votre ennemi n° 1.** Quand vous restez en pression (en vous appuyant sur vos mains par exemple), vous pouvez sentir de la douleur : c'est que le sang ne circulant presque plus, elles se refroidissent.
Apprenez à ressentir les signaux que votre corps vous envoie.
Il vaut mieux prendre 2 minutes pour bouger les mains et faire revenir le sang que risquer une engelure plus sévère.
Les sorties ne s'improvisent pas.

–> Survivre en zone polaire

Difficile de manger chaud quand on est en extérieur.
Une technique de base est d'emporter des conserves de thon à l'huile !

Déposez un mouchoir ou une feuille de papier toilette sur l'huile. Allumez. La conserve brûlera pendant environ 20 minutes, ce qui vous permettra de vous réchauffer les mains et de manger du thon chaud !

L'important est de ne surtout pas transpirer, même en cas d'effort physique. Ce serait la meilleure solution pour prendre froid. Habillez-vous en utilisant la technique des 3 couches. Cela vous permettra de réguler votre température corporelle en modulant vos vêtements selon l'activité.

–> Descendre dans les entrailles de la Terre.

Lors de vos voyages, ne passez pas à côté des coins qui vous permettront d'explorer notre planète... de l'intérieur.
Au Mexique, dans la région de la Huasteca Potosina, de grands gouffres de plusieurs centaines de mètres ressemblent ainsi à des portes vers un autre monde.

Suspendu au bout d'une corde avec **400 mètres de vide sous les jambes**, je vous promets que vous n'oublierez pas cette sensation ! Entre la moiteur de la jungle, l'obscurité et le gigantisme de la grotte, ainsi que l'effort physique de la remontée, vous y découvrirez des ambiances que vous ne pouvez trouver que sous terre.

Chaque sotano est unique. En fonction de leur forme et de leur profondeur, vous ne ressentirez pas exactement les mêmes émotions. Bien que j'ai adoré descendre les 400 mètres du Sotano de las huahuas en 2013 (ci-dessus), terrorisé par la verticalité abyssale de cette colonne rocheuse, le Sotano del Cepillo, lui, se la joue plus poète. En 2020, j'ai été transporté dans le puit de lumière provoqué par les arbres autour son entrée. Pour cela, il faut s'y engouffrer quand le soleil est au zénith ! Aussi, le fait de descendre dans un boyau de 200 mètres de profondeur sans pouvoir distinguer le fond jusqu'à ce que vous soyez à une dizaine de mètres du sol est très déstabilisant.

Huasteca Potosina

Ne partez jamais seul !
Ce genre d'expérience se fait en étant encadré par un professionnel et avec du matériel en état.

La seule sortie c'est par en haut !

—> Survol de Paris avec la Marine Nationale pour le 14 juillet 2019

Qui n'a jamais rêvé de pouvoir admirer l'Arc de Triomphe ou encore la Tour Eiffel depuis les airs?

J'avoue avoir été un des rares à bénéficier de ce privilège et je remercie encore la Marine Nationale de m'avoir donné cette opportunité.
Alors que les troupes militaires françaises défilaient au sol les unes après les autres en descendant toute la longueur des champs Élysées, les aéronefs volaient en suivant un parcours et en respectant un timing réglé à la minute près!
Le Youtubeur et ami William (alias *Doc Seven* sur Youtube) était lui aussi de la partie. Il a volé à bord d'un hélicoptère Caïman. (On a fait la course, j'ai gagné!)

–> Rencontre européenne autour de la question de la démocratie

*Quelle chance d'avoir été convié à une rencontre au **Conseil de l'Europe** en 2019 !*

Durant 3 jours, des conférences, des échanges et des expositions ont été organisés à Strasbourg afin de parler de l'information, du fonctionnement des médias, de la critique politique… Tous ces éléments contribuent, avec beaucoup d'autres, à la démocratie. L'apparition d'internet et des réseaux sociaux est venu modifier notre rapport à l'information et fragiliser certains points de notre modèle démocratique. Les nuits étaient très courtes mais j'en suis reparti avec une bien meilleure compréhension des enjeux!

—> Prépare ton voyage

**Dates, durée, destination, budget…
Tu trouveras beaucoup de documentation sur internet
afin d'organiser ton départ.**

En revanche, les expériences que j'ai eues en France et à l'étranger m'ont permis de développer une relation toute particulière avec le voyage. **Si tu souhaites sortir des déplacements relativement classiques, je te conseille plusieurs idées :**

- Ne pas réfléchir en termes de pays mais en région : « je vais visiter les Alpes » (France, Suisse et pourquoi pas un bout d'Italie), idem pour l'Amazonie (Brésil puis Guyane ou Pérou) ou le Sahara (Algérie/Égypte, sud de la Tunisie ou encore Mauritanie). Les frontières sont des créations politiques. Essaye de voir le territoire au-delà de ces limites administratives, tu vas être surpris !
- Suis un élément géographique (descendre le Nil, longer la côte Adriatique, suivre la frontière entre le Mexique et les USA, rouler d'un bout à l'autre de la transamazonienne…)
- Opte pour l'itinérance, plutôt que de partir et de revenir de la même ville, prend un point A et B et rejoins l'un à l'autre en faisant des haltes au milieu. Cela créera une véritable dynamique et marquera symboliquement le début et la fin de ton aventure.
- Définis ton itinéraire uniquement en fonction d'un sujet qui te passionne. Ex : Voyage en Amérique du Nord à la rencontre de populations amérindiennes, visite de pharmacies égyptiennes si tu es en études de Pharma, visiter uniquement des lieux saints pour faire du tourisme religieux…
- Tu peux choisir de mettre le focus ailleurs, peu importe la destination, ce qui compte c'est le moyen de transport ! Adieu le bus, le train et l'avion, tu relieras Madrid à Barcelone en stop, en moto, en van, en roller, en tandem ou bien même… à pied (avec ton chien, un cheval…).
- Afin d'aller encore plus loin, tu peux mélanger plusieurs de ces éléments pour créer des voyages complètement uniques : traverser l'atlas marocain avec un cheval et s'intéresser aux conditions de vie des Berbères. Descendre une rivière au Canada à pied et en pirogue tout en incluant des passages en autonomie (survie). Construis un voyage qui te ressemble !

C'est en faisant cela que j'en suis venu à réaliser le tour de la Mer Méditerranée en 2015. L'objectif ? Longer le littoral sur une bande terrestre de 30 kilomètres afin de m'intéresser au tourisme dans la région la plus touristique au monde. Après 9 mois de déplacement, j'ai bouclé le tour en passant par 16 pays (Espagne, Italie, Bosnie-Herzégovine, Turquie, Israël, Tunisie…). Un vrai régal !

Et surtout n'oublie pas :
l'aventure, ce n'est pas avoir un voyage tout lisse sans accrocs où l'on contrôle tout. C'est un état d'esprit qui te pousse à faire des choses que tu n'as jamais faites et c'est apprendre à rebondir, à chaque fois qu'un évènement inattendu vient te challenger.

–> Préparé ton reportage

• 1. Choisir son sujet.

Quel sujet t'intéresse et quel angle lui donner ? As-tu déjà des connaissances dessus (ce n'est pas obligatoire du tout, mais dans ce cas prévois une phase de documentation pour ne pas risquer de faire des erreurs grossières qui auraient pu être évitées en se renseignant) ? Existe-t-il déjà du contenu sur ce thème-là ? Quelle sera ta plus-value ? Que vas-tu apporter de nouveau/ différent ?

• 2. Savoir quel type de contenu tu veux créer et pour quelle plateforme.

Est-ce un reportage photo ou vidéo, un podcast audio ou bien des croquis ? Quelle longueur ou bien quelle quantité d'information as-tu besoin ? Savoir le rendu que tu souhaites obtenir te permettra de t'adapter dès le début. Ex : Penser à cadrer la vidéo en format vertical si c'est pour Tik Tok, penser à prendre des photos pour Instagram en plus du reportage vidéo pour Youtube… Plus tu seras au clair, plus tu seras efficace sur place.

• 3. Faisabilité du reportage.

Quel est le degré de difficulté et de faisabilité ? Budget, autorisations, durée, problème de la langue, dangerosité… Un reportage sur la pollution le long d'un littoral ou bien des témoignages de certaines communautés dans une ville ne demandent pas les mêmes moyens que de filmer une zone de conflit. Commence par quelque chose pas loin de chez toi, qui te touche et qui te semble accessible. Tu monteras éventuellement en difficulté par la suite une fois que tu seras rodé.

• 4. Structurer son contenu.

Pense à la narration de ton histoire, de quels éléments as-tu besoin pour raconter ce récit ?

Exemple de listes :

Interview pêcheur 1 et Interview pêcheur 2
(chacune filmée avec 2 angles différents pour plus de dynamisme)
Introduction de mon reportage en face caméra dans le port,
devant la capitainerie.
Plans vidéo pour illustrer les interviews : bateaux, mouettes, plan de la mer,
matériel et filets de pêche…
Tourner un plan de drone le long du littoral pour donner de la hauteur
et du contexte
Tourner des détails en gros plans pour donner de la matière :
étalage de poisson, mains du pêcheur…
Prendre les pêcheurs en photo pour la miniature de l'épisode sur Youtube.
…

Prends un carnet et note tous les plans dont tu as besoin (comme au cinéma). Cela te permettra de faire le point en temps réel sur ce qu'il te manque pour que ton reportage soit le plus construit possible. Aussi **je te conseille de dérusher tes cartes mémoires tous les soirs** pour vérifier la qualité de tes plans (et pouvoir les refaire au cas où). **Un bon reportage, c'est du contenu trié, organisé et sauvegardé !**

–> Préparez ton sac

Voici quelques tips personnels :

- **La taille et la composition de tes bagages vont dépendre de la durée, de la destination et du style de voyage que tu entreprends.** Entre le sac à dos et la valise, les minimalistes et ceux qui partent avec leur maison sur le dos, il n'y a pas de règle. Personnellement, ayant toujours décidé de voyager avec du matériel vidéo et de quoi bivouaquer, je n'ai jamais été super léger mais ça ne m'a pas empêché d'être libre. Choisis ton équipement en fonction de là où tu mets le cursus pour ton voyage.

- Peu importe ton bagage, **je te conseille d'avoir toujours un petit sac à dos en plus** (qui te permet de contenir les affaires d'une journée). À chaque déplacement tu auras ainsi cet automatisme de déposer ton gros sac à l'hôtel/auberge/camping et tu pourras continuer ta route en étant délesté du trop-plein. **N'oublie pas de prendre un petit cadenas pour fermer les casiers.**

- Par expérience, je sais que **4 tee shirts et un lot de 4 caleçons/chaussettes** suffisent largement, même pour un voyage au long cours. La clé c'est d'**emporter de la lessive liquide** et d'en faire une tous les 3 jours dans un lavabo (quitte à faire un tour à la laverie si besoin lorsque les lavages à la main ne suffisent pas).

- **Achète les insecticides sur place**, ils seront adaptés au milieu et aux moustiques du coin.

- **J'ai l'habitude de mettre les affaires qui ne craignent rien au fond du sac** (tente, sac de couchage, doudoune), ce qui me permet de m'asseoir dessus en cas de besoin. Parfait pour les pique-niques (et pour ne pas exploser malencontreusement son gel douche dans ses teeshirts) !

- **Lorsque tu prends un bus ou un train et que tu dois déposer ton gros sac/valise dans une soute, fais en sorte de garder dans ton petit sac avec toi tout ce qui est précieux.** Tu voyageras l'esprit tranquille et si jamais tu te fais voler ou bien si tu perds ce bagage en soute, ton voyage pourra quand même continuer (si c'est le cas, tu auras juste à faire un tour au marché pour acheter quelques affaires).

- Dans les zones un peu plus sensibles, **tu peux prévoir un faux portefeuille (qui peut être juste un porte-cartes avec une vieille carte bancaire périmée et un peu de cash) que tu gardes méticuleusement toujours dans la même poche**. En cas de soucis, dégaine-le automatiquement et disparais. Mais surtout, renseigne-toi sur place pour éviter ce genre de situation.

C'est à ton tour !

Bons voyages à toi et bons reportages

(N'hésite pas à me raconter tout ça en message privé sur les réseaux sociaux)!